La Época Liberal

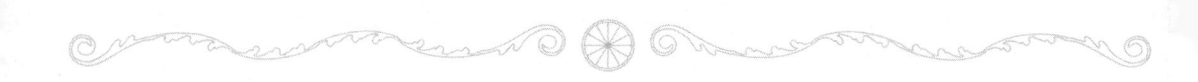

La Época Liberal
Fabiola García Rubio

Primera edición: Producciones Sin Sentido Común, 2019
Primera reimpresión: Nostra Ediciones, 2010
Primera edición: Nostra Ediciones, 2008

D.R. © 2019, Producciones Sin Sentido Común, S.A. de C.V.
    Pleamares 54, colonia Las Águilas,
    01710, Álvaro Obregón,
    Ciudad de México

Texto © Fabiola García Rubio
Ilustraciones © Jazmín Velasco

ISBN: 978-607-8469-75-8

Impreso en México

Prohibida su reproducción por cualquier medio
mecánico o electrónico sin la autorización escrita
del editor o titular de los derechos.

La Época Liberal

Fabiola García Rubio

Ilustraciones de Jotavé

NOSTRA
EDICIONES

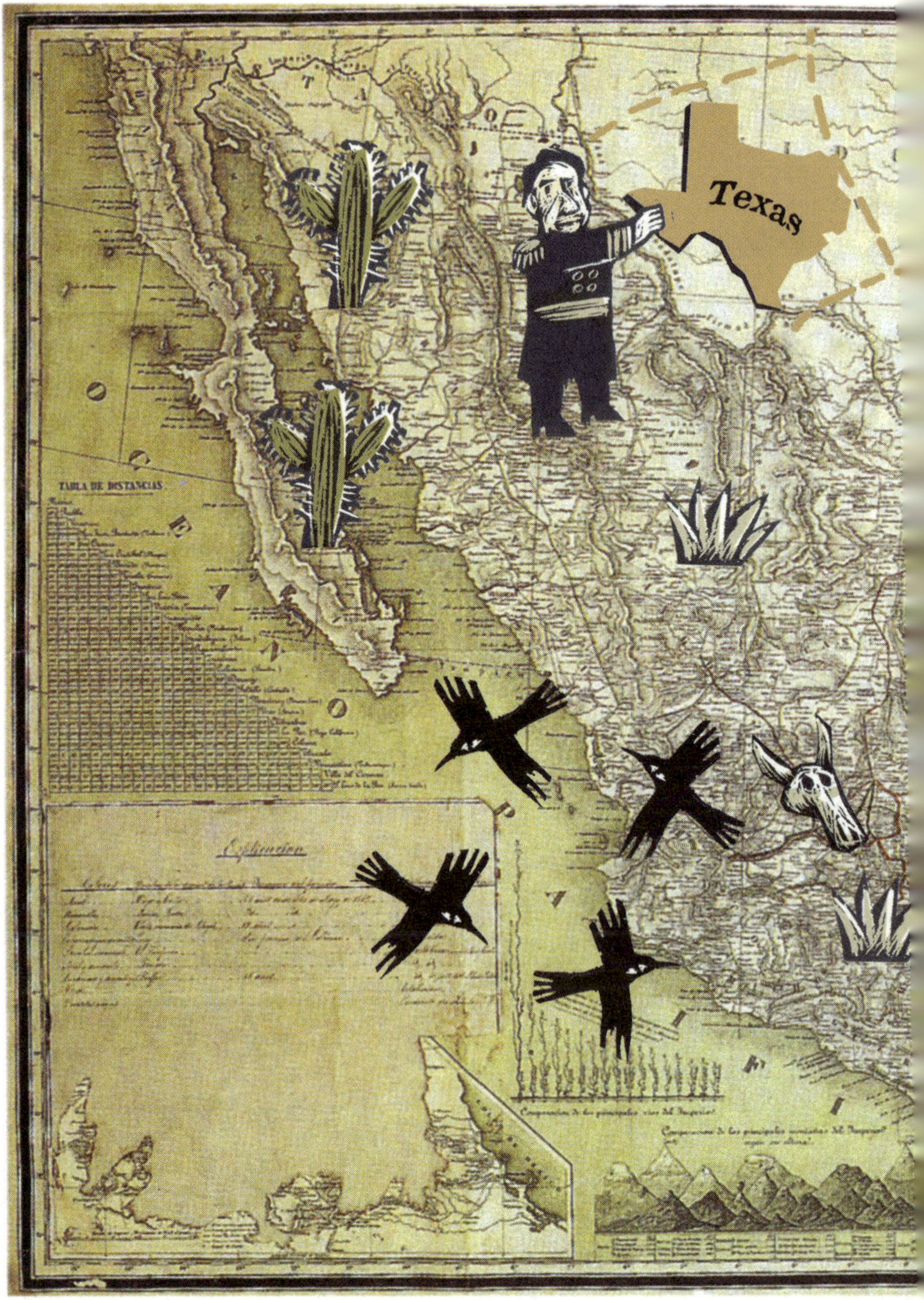
Texas
TABLA DE DISTANCIAS

CARTA GENERAL DEL Imperio MEXICANO

Previo a la época liberal

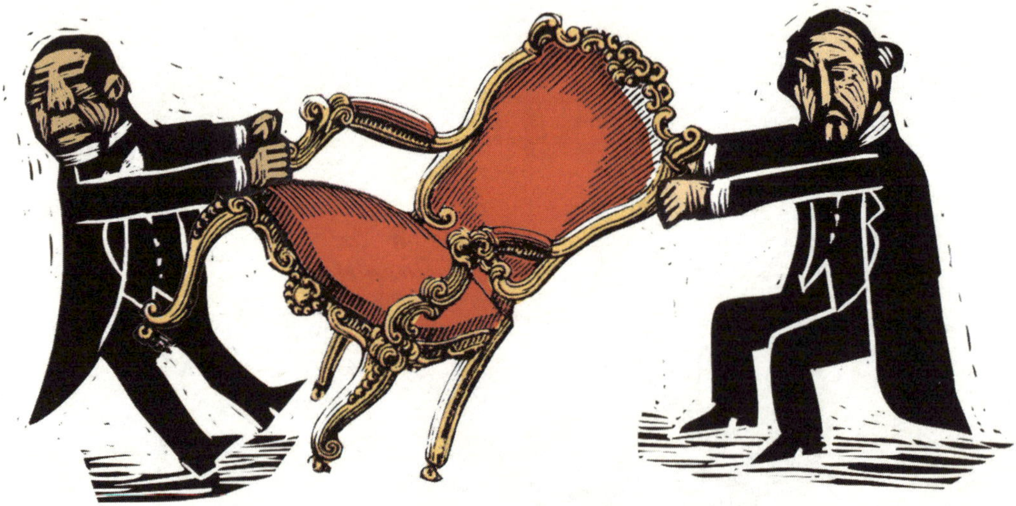

Índice

- 10 Introducción
- 12 La Revolución de Ayutla y las primeras leyes de Reforma
- 28 La Constitución de 1857
- 36 La guerra de Reforma
- 46 La Intervención francesa
- 56 El imperio de Maximiliano
- 66 El triunfo de los liberales
- 74 La República restaurada
- 90 Cronología
- 95 Bibliografía

Estados
los derecho
del hombre so
instituciones so
declara,
deben respetar y sostener las autoridades de
que otorga la presente Constitución.

titución
los
s Mexicanos

ambre

Introducción

El año de 1854 marcó un punto sin retorno en la historia de México: los acontecimientos que se originaron a partir de la expulsión definitiva de Antonio López de Santa Anna de la política mexicana y el consecuente triunfo de la Revolución de Ayutla, abrieron la puerta a discusiones relacionadas con el tipo de gobierno que debía tener el país, la relación entre el Estado y la Iglesia, y la defensa de las Libertades Individuales. En 1856 se convocó a un Congreso Constituyente, con el objetivo de crear una nueva Constitución que estuviera acorde con las nuevas circunstancias nacionales.

Después de acaloradas discusiones, y bajo el dominio de las ideas de los liberales, los diputados que asistieron al Constituyente acordaron reducir el poder de la Iglesia, fomentar la igualdad de todos los mexicanos y apoyar los derechos individuales. Los conservadores, que tenían una postura muy distinta a la de sus opositores, no quedaron conformes con la nueva Carta Magna, por lo que se manifestaron en su contra y exigieron su suspensión. Ante tales hechos, los dos grupos políticos comenzaron una lucha armada que se conoce como la Guerra de los Tres Años.

En ésta guerra civil, tras sangrientas batallas, obtuvieron la victoria los liberales y la Constitución del 57. Pese al triunfo, la administración liberal (que en ese entonces estaba en manos de Benito Juárez), tuvo que enfrentar como consecuencia de la alianza de los conservadores con los franceses, la segunda Intervención francesa y, posteriormente, la instalación en México del imperio de Maximiliano de Habsburgo en 1864. Entonces el gobierno republicano se convirtió en una entidad itinerante, pues tenía que ocultarse en varias regiones del país, e incluso en el extranjero, del ejército que apoyaba al emperador.

Poco a poco, el proyecto imperial fue agotándose económica, ideológica y militarmente y, en contraste, las fuerzas de Juárez, así como el resto de los liberales, fortaleciéndose. Poco después, Maximiliano y dos de sus principales colaboradores fueron fusilados en el cerro de las Campanas (en Querétaro), en 1867, con lo cual inició la restauración de la República y el triunfo de los liberales.

Finalmente la Constitución de 1857, motivo de conflicto entre los distintos grupos de políticos mexicanos, y que a la postre serviría de ejemplo para reformar a la actual de 1917, sería aplicada por las administraciones de Benito Juárez, Sebastián Lerdo de Tejada y Porfirio Díaz.

El periodo que trata este libro no sólo es uno de los más interesantes del pasado mexicano, sino uno de los más reveladores y que ayudan a entender el desarrollo político del país de finales del siglo XIX y principios del XX.

1848 1857
La Revolución de Ayutla y las primeras leyes de Reforma

Después de la guerra con los Estados Unidos de América, que inició en 1846 y terminó en 1848 con la firma del Tratado de Guadalupe Hidalgo (documento en el que México les cedió los territorios de Nuevo México y Alta California), los gobernantes e intelectuales del país se dieron cuenta de la necesidad de que todos los mexicanos estuvieran unidos y actuaran en contra del enemigo extranjero. La experiencia más reciente había mostrado que la división política, los diferentes proyectos de nación y la crisis económica habían favorecido en las campañas militares a los Estados Unidos de América.

Desde la consumación de la Independencia, en 1821, se habían tenido diferentes formas de gobierno: imperio, República federal y República central. Todos esos años habían mostrado que ninguna de ellas había sido del todo funcional para México, entre otras cosas, porque se venían arrastrando una serie de vicios y prácticas políticas del periodo virreinal, como el gran poder de la Iglesia y del ejército, el goce de privilegios entre algunas clases sociales y, en especial, la falta de un proyecto de nación con el que la mayoría de los mexicanos estuviera de acuerdo.

Además, los numerosos cambios de Presidente y de Constitución que hubo en todo ese tiempo, así como el poco respeto que se tenía a las leyes habían impedido la creación de un gobierno estable, en el que no hubiera pronunciamientos militares que desconocieran a la administración en turno, que cumpliera con los periodos de gobierno y en el que los mexicanos obedecieran a las autoridades.

En este contexto, el 17 de marzo de 1853, el Congreso, órgano a través del cual se llevaban a cabo las elecciones, designó a Antonio López de Santa Anna como Presidente de la República por decimoprimera ocasión. Poco después de tomar el cargo, Santa Anna suspendió la aplicación de la Constitución de 1824 —pues en ella se defendían los principios liberales con los cuales no estaban de acuerdo los conservadores—, se autonombró "su alteza serenísima" y comenzó a gobernar autoritariamente.

Además, prohibió la libertad de imprenta y, como necesitaba mucho dinero para los gastos de su administración, creó una serie de impuestos poco comunes que provocaron el descontento de la sociedad: el número de las ventanas, las puertas, los caballos y la longitud de los perros determinó la cantidad de dinero que las personas debían pagarle al gobierno. También expulsó del territorio a los políticos liberales, a quienes consideraba sus enemigos por oponerse a sus medidas.

A pesar de que Santa Anna tomó estas medidas para obtener recursos económicos, éstos no fueron suficientes, por lo que ante la oferta que le hizo el gobierno de los Estados Unidos de América para entonces comprar el territorio de La Mesilla, que estaba entre Chihuahua y Nuevo México, "su alteza serenísima" accedió y decidió venderlo por 10 millones de dólares en 1853.

Nacido en Veracruz, Santa Anna era político y militar. Participó en la Independencia y se convirtió en presidente del país en 1833. Es uno de los personajes más controvertidos de la historia de México, pues, entre otras cosas, fue uno de los responsables de la pérdida de territorio ante los Estados Unidos de América en la década de 1840.

Tuvo varios apodos: sus simpatizantes lo llamaban, por sus habilidades militares, el "Napoleón del Oeste"; sus opositores lo conocían como el "Quince uñas", porque había perdido la pierna izquierda en el bombardeo al puerto de Veracruz, durante la primera Intervención francesa en 1838, y por lo deshonesto de sus gobiernos; y los estadounidenses, después de la guerra del 47, se refirieron a él como el "Héroe de las cuarenta derrotas". Su verdadero nombre era Antonio de Padua María Severino López de Santa Anna y Pérez de Lebrón.

15

Las relaciones con los Estados Unidos de América habían sido delicadas desde tiempo antes. Poco después de la consumación de la Independencia, en 1825, Joel R. Poinsett, el enviado especial de aquél país, había hecho un ofrecimiento de 5 millones de dólares por la compra de Texas. Aunque el gobierno mexicano, en aquel entonces encabezado por Vicente Guerrero, rechazó tal operación, las intenciones de ese país quedaron en evidencia, y a partir de ahí, México quiso ser cauteloso con sus vecinos del norte.

Años después, en 1836, los mexicanos confirmarían sus sospechas al ver que no sólo en la independencia de Texas hubo varios estadounidenses involucrados en la rebelión, sino también en los intentos por incorporarla a la Unión Americana, hecho que finalmente ocurrió en 1845 y que México tomó como una declaración de guerra.

La flor mexicana que los españoles llamaron "Nochebuena" fue introducida en los Estados Unidos de América por Joel R. Poinsett, quien, en su honor, la comenzó a nombrar "Poinsettia".

Al año siguiente, los Estados Unidos de América invadieron el territorio mexicano, y luego de la derrota del ejército mexicano, se firmó el Tratado de Guadalupe Hidalgo, en el que se cedió más de la mitad del territorio nacional y se aceptó el pago de una indemnización de 15 millones de dólares por las pérdidas que México había tenido durante la intervención.

De modo que cuando "su alteza serenísima" vendió La Mesilla a los Estados Unidos de América, el hecho fue tomado como una traición a la soberanía, lo que sumado al descontento por el gobierno autoritario, hizo que varios políticos liberales a quienes no se había logrado expulsar, como Juan Álvarez e Ignacio Comonfort, se levantaran en contra de Santa Anna con el Plan de Ayutla el 1 de marzo de 1854.

El nombre de la ciudad de Ayutla proviene del náhuatl *áyotl*, que quiere decir tortuga y del locativo *tlan*. Ayutla quiere decir: "lugar donde abundan las tortugas".

Para ese año, tanto el general Álvarez como el general Comonfort tenían una carrera política y militar importante: el primero había luchado en 1810 a favor de la Independencia, contra los franceses, en la llamada Guerra de los Pasteles en 1838, y combatido durante la intervención norteamericana de 1846 a 1848; por su parte, el general Comonfort, había sido diputado en el Congreso y había peleado contra los norteamericanos en el valle de México en 1847. Este plan, publicado en la ciudad de Ayutla, estado de Guerrero, exigía la salida de Santa Anna de la presidencia, la elección de un presidente provisional y la convocatoria a un Congreso extraordinario que se encargaría de redactar una nueva Constitución.

Durante todo el siglo XIX, los diferentes grupos de políticos contendieron entre sí para tener una administración estable. Algunos, los conocidos como conservadores, decían que el gobierno debía basarse en un modelo en el que se preservara la religión católica —pues era el único punto de unión entre todos los mexicanos—, en el que la Iglesia conservara sus bienes inmuebles y todos sus privilegios, que consistían en no pagar impuestos y contar con tribunales especiales para juzgar sus faltas; en el que hubiera un gobierno fuerte que anulara cualquier posibilidad de elección popular, y en el que se contara con un ejército para el control y la seguridad de los mexicanos.

A su vez, este grupo de conservadores se dividía entre los republicanos y los monarquistas. Los primeros estaban a favor de un gobierno republicano, donde hubiera una división y equilibrio entre los poderes que lo conformaban (Ejecutivo, Legislativo y Judicial), mientras que los segundos abogaban por un gobierno donde existiera una única autoridad: el monarca.

18

Por otra parte, estaba el grupo conocido como el de los liberales, quienes, contrarios a los conservadores, estaban convencidos de que el gobierno del país debía representar a todos los mexicanos y no sólo a unos cuantos, reconocer los derechos de sus habitantes y promover su igualdad ante la ley, fomentar la propiedad privada entre los pobladores, desamortizar los bienes de la Iglesia y, en general, favorecer la creación de un Estado laico, sin ninguna influencia del clero.

Durante estos años, varios artistas, tanto mexicanos como extranjeros, pintaron a los diferentes personajes de la época, como por ejemplo, al aguador, que cargaba varios cántaros de barro e iba ofreciendo su producto por las calles principales; el pulquero, que aparecía en su local con sus diferentes barriles llenos de tan común bebida alcohólica; la partera, que por lo general era una viuda y se encargaba de ayudar a las mujeres embarazadas en el nacimiento de sus hijos, y el maestro, que comúnmente era representado como un hombre de edad avanzada, sentado en un escritorio y con varios libros a su alrededor.

Durante la dictadura de Santa Anna fue común escuchar esta adivinanza en la ciudad de México:

"Es Santa sin ser mujer,
es rey sin cetro real,
es hombre, mas no cabal
y sultán al parecer.
Que vive, debemos creer,
parte en el sepulcro está,
y parte dándonos guerra.
¿Será esto de la tierra
o qué demonios será?"

(Antonio López de Santa Anna)

El ejército de Juan Álvarez, conocido como el de "los pintos", fue reprimido por órdenes de Santa Anna, quien llegó al grado de decretar que toda persona que poseyera un ejemplar del Plan de Ayutla, impreso y distribuido en la zona, y no lo entregara a las autoridades, sería condenada a muerte.

plan de AYUTLA

Poco después, el veracruzano fue a Acapulco para terminar con la rebelión, pero sus tropas fueron derrotadas por el ejército de Álvarez, así que decidió volver a la ciudad de México; en el camino fue destruyendo a las poblaciones que habían apoyado el Plan de Ayutla.

Para mediados de 1854, los estados de Michoacán, Tamaulipas, San Luis Potosí, Jalisco, México y Guanajuato se habían adherido también a la Revolución de Ayutla. El enfrentamiento sostenido contra el ejército de Santa Anna obligó a Comonfort a ir a los Estados Unidos de América para conseguir los recursos económicos que le permitieran continuar con la rebelión. En Nueva York se encontró con su amigo e inversionista Gregorio Ajuria, quien, convencido de la necesidad de derrotar a Santa Anna, le prestó casi 60 mil pesos.

Según lo acordaron, la deuda se pagaría con los ingresos obtenidos en la aduana de Acapulco, pero además del reembolso, Comonfort se comprometió a compensar a su camarada con 250 mil pesos en oro, siempre y cuando triunfara la Revolución de Ayutla. Mientras tanto, los liberales que habían sido desterrados durante la dictadura santannista y que vivían en Nueva Orleans, comenzaron a trasladarse a México para colaborar con la derrota del dictador.

Con el paso del tiempo, cada vez más estados declararon su simpatía hacia el Plan de Ayutla y su rechazo a la dictadura; y en el verano de 1855, "los pintos" ocuparon la capital de México, por lo que Santa Anna no tuvo más remedio que abandonar el país el 9 de agosto del mismo año.

Tras la salida de Santa Anna, Juan Álvarez asumió la presidencia de modo interino el 4 de octubre de 1855. Su gobierno estuvo integrado por una serie de mexicanos liberales, quienes habían defendido las libertades individuales y la igualdad social. Entre ellos estaban: Ponciano Arriaga, potosino de nacimiento, y quien fungió como diputado en el Congreso, representando a su estado natal; Benito Juárez, oaxaqueño y ministro de Justicia e Instrucción Pública; Miguel Lerdo de Tejada, veracruzano y ministro de Fomento; Melchor Ocampo, michoacano y ministro de Relaciones; Guillermo Prieto, periodista y ministro de Hacienda, e Ignacio Ramírez, también conocido como el "Nigromante", y que se había distinguido por su labor en la prensa de la capital.

Con el triunfo del Plan de Ayutla, Santa Anna salió de la ciudad de México y poco después se fue a Cuba a bordo de un barco que se llamaba Iturbide. Estuvo en Turbaco, Colombia, y en 1864, durante la Intervención francesa regresó a Veracruz, pero los franceses no lo dejaron entrar al país, por lo que volvió a Cuba y luego, otra vez, a Colombia. Muchos años después, en 1874 y tras la muerte de Benito Juárez, Sebastián Lerdo de Tejada, entonces Presidente, le permitió volver al país. Dos años después murió en la capital.

A pesar de que la presidencia de Álvarez duró poco menos de un año, en noviembre de 1855 se decretó una legislación, que se conoció desde aquellos tiempos como la "Ley Juárez", en honor a su autor, Benito Juárez. En ésta se establecía que los bautizos, los entierros y los matrimonios ya no serían asuntos de la Iglesia, sino del Estado, y que se llevarían a cabo en el registro civil.

Benito Juárez es una de las figuras más destacadas de la historia de México y del continente americano. Nació el 21 de marzo de 1806 en San Pablo Guelatao, Oaxaca, en una familia zapoteca. Fue educado en un seminario, donde intentó convertirse en sacerdote, pero poco tiempo después lo abandonó e ingresó en el Instituto de Ciencias y Artes de Oaxaca, donde estudió para ser abogado.

La administración de Juárez ha causado mucha controversia: hay unos que lo apoyan y otros que reprueban su política. Lo importante es que las acciones que realizó fueron fundamentales para el desarrollo de México.

Esa misma disposición quitaba los privilegios que tenían los miembros de la Iglesia y del ejército, uno de los cuales era el de contar con tribunales especiales. Es decir, la Ley Juárez buscaba la igualdad de todos los mexicanos ante la ley.

El actual Himno Nacional surgió de una convocatoria que Santa Anna lanzó, en plena dictadura, en noviembre de 1853. El objetivo del concurso era promover la creación de una composición poética que pudiera servir de letra a un canto patriótico. De un total de 26 participantes, fueron elegidas las estrofas escritas por Francisco González Bocanegra. Pocos meses después se lanzó otra convocatoria para premiar a la mejor música que acompañara la composición de González Bocanegra. El ganador fue el español Jaime Nunó.

A pesar de que ninguno de los dos triunfadores recibió el premio que se había prometido en las convocatorias, el Himno Nacional fue estrenado el 15 de septiembre de 1854 e interpretado por los italianos Balbina Steffenone y Lorenzo Salvi. La versión original incluía una estrofa que elogiaba la actuación militar y política de Santa Anna, misma que después fue suprimida. El Himno Nacional no se cantaría hasta la Batalla de Puebla, el 5 de mayo de 1862, para motivar a los soldados mexicanos a enfrentar al ejército francés.

En septiembre de 1856 Juan Álvarez renunció a la presidencia argumentando problemas de salud y dejó en su cargo a Ignacio Comonfort, quien hasta ese entonces fungía como ministro de Guerra. Casi de inmediato, el nuevo jefe del Ejecutivo se tuvo que hacer cargo de una rebelión de grupos conservadores, que se había levantado contra la "Ley Juárez" en el estado de Puebla.

En respuesta, Comonfort no sólo retuvo los bienes de la Iglesia poblana, sino que dio a conocer una nueva ley, "la Ley Lerdo", hecha por Miguel Lerdo de Tejada, que fue conocida como "ley de desamortización" o de "manos muertas", la cual obligaba a la Iglesia a vender las propiedades que tenía en las ciudades y en el campo, y además le impedía obtener nuevas.

Sin embargo, este decreto no sólo perjudicaba a la Iglesia, sino que también afectaba a las comunidades indígenas que eran dueñas de bienes comunales, pues desconocía la propiedad comunal y convertía entonces a los miembros de la comunidad en dueños individuales de sus tierras, lo que era completamente ajeno a sus costumbres y prácticas de trabajo. De modo que tanto los bienes de la Iglesia como los de las comunidades indígenas eran considerados improductivos, pues no fomentaban el comercio ni la inversión de capital. La diferencia era que, por lo general, las tierras pertenecientes a la Iglesia eran terrenos baldíos, desocupados y ni siquiera se cultivaba en ellas, mientras que las propiedades comunales se usaban para el autoconsumo.

Por último, en abril de 1857 se dio a conocer la "Ley Iglesias", cuyo autor fue José María Iglesias, quien formaba parte del gabinete. Esta ley prohibía el cobro de derechos, cuotas y obvenciones parroquiales, que se cobraban a las clases pobres por la administración de los sacramentos de la Iglesia, como los bautizos y los matrimonios, y además creaba castigos para los párrocos que no la respetaran.

> Los extranjeros que visitaron México en aquella época señalaron la participación de la mujer de las clases altas en la vida social. Les asombraba su delicadeza para tratar a las personas, la elegancia de sus trajes y su porte. Por lo general, las mujeres de dichos estratos sociales aprendieron, además de atender los quehaceres del hogar, a leer, a escribir y a tocar algún instrumento.

Según el Plan de Ayutla, era necesario crear un Congreso constituyente extraordinario que elaborara una nueva Constitución. En 1856 se reunieron los diputados y después de discutir durante varios meses, redactaron los artículos que conformarían la Constitución de 1857. La mayor parte de los miembros de este Congreso tenían un pensamiento moderado, pero no tuvieron mucha influencia en la redacción, pues quienes dirigieron las reuniones fueron los liberales puros. Algunos de ellos habían trabajado en la administración de Juan Álvarez, como Guillermo Prieto y el militar guanajuatense Santos Degollado, a los que se sumaron Valentín Gómez Farías —conocido porque en 1833 había intentado activar una reforma contra los poderes del clero—, el periodista e intelectual Francisco Zarco y el oaxaqueño Ignacio Mariscal.

En las discusiones del Congreso también se habló del tipo de gobierno que habría en el país, así como de la libertad de trabajo, pensamiento, imprenta, educación y religión. Además se puso en duda la utilidad de la pena de muerte, puesta en práctica desde 1823, y se llegó a la conclusión de permitirla sólo para los actos de piratería, los delitos graves de orden militar y los de traición a la patria durante una guerra extranjera.

Uno de los debates más interesantes fue sobre los bienes comunales de los indígenas. Según el pensamiento liberal del siglo XIX, inspirado en el modelo estadunidense, para que hubiera crecimiento económico era necesario partir de la propiedad privada.

Los liberales consideraban que con la sola existencia de los terrenos privados se crearía un país de pequeños propietarios, lo cual beneficiaría a los mexicanos en dos aspectos: uno, porque los dueños estarían motivados en aumentar la productividad de sus tierras, y con ello se lograría un desarrollo económico; y dos, porque creían que una vez que todos fueran propietarios, habría menos desigualdad económica, lo que permitiría el triunfo de los valores democráticos, de las instituciones republicanas y el camino más seguro para llegar a tener una sociedad más justa.

El Ranchero era uno de los tipos más curiosos del país. Casi siempre estaba montando su caballo. Su traje tenía unas calzoneras de gamuza de venado, adornadas con botones de plata que iban a los lados. Sobre la pantorrilla usaba botas de campana, que eran dos pieles gruesas de venado con diferentes dibujos.

Tomado de Manuel Arróniz, *Manual del viajero en México*.

27

1857 La Constitución de 1857

Finalmente, el congreso aprobó y promulgó la nueva Constitución el 5 de febrero de 1857. Ésta instituía una República dividida en tres poderes: el Ejecutivo, el Legislativo y el Judicial. El Ejecutivo estaba en manos de una persona: el presidente. Su cargo debía durar cuatro años y tenía facultades limitadas por el poder legislativo. El Legislativo comprendía la Cámara de Diputados —los cuales debían renovarse cada dos años— y era el encargado de hacer las leyes. El Judicial estaba integrado por la Suprema Corte de Justicia, los Tribunales de Distrito y los Tribunales de Circuito, y sus jueces durarían en el cargo seis años.

La Constitución de 1857 sirvió de ejemplo para los constitucionalistas de 1916, quienes utilizaron sus artículos como base para crear la de 1917, hoy vigente. Para rendirle honor, fue promulgada el mismo día: el 5 de febrero.

La Carta Magna se inspiró en la Constitución de 1824, así como en el pensamiento del francés, Jean Jacques Rousseau, el estadounidense Thomas Jefferson y los mexicanos, Miguel Ramos Arizpe y José María Luis Mora.

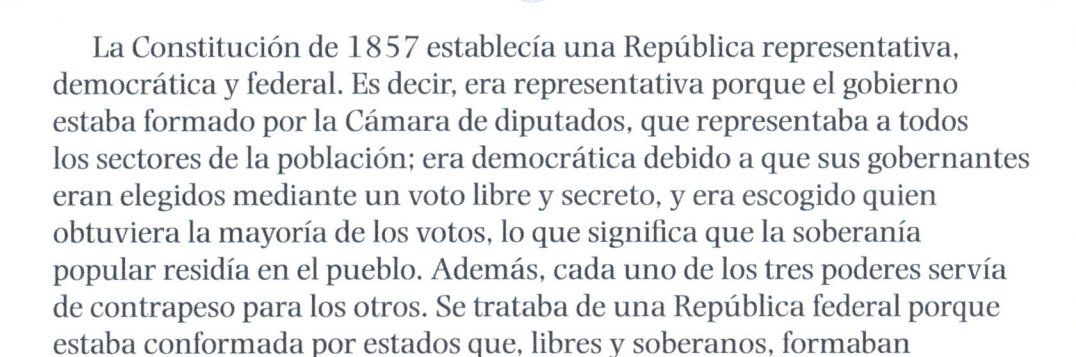

La Constitución de 1857 establecía una República representativa, democrática y federal. Es decir, era representativa porque el gobierno estaba formado por la Cámara de diputados, que representaba a todos los sectores de la población; era democrática debido a que sus gobernantes eran elegidos mediante un voto libre y secreto, y era escogido quien obtuviera la mayoría de los votos, lo que significa que la soberanía popular residía en el pueblo. Además, cada uno de los tres poderes servía de contrapeso para los otros. Se trataba de una República federal porque estaba conformada por estados que, libres y soberanos, formaban un pacto federal de unión.

También se establecía una división política de 24 estados y un territorio, el de Baja California, e incluía las leyes que se proclamaron al inicio del movimiento de los liberales (la Ley Juárez, Ley Lerdo y la Ley Iglesias). Asimismo, en la nueva Constitución se abolió el cargo de vicepresidente, y se estipuló que, en caso de que el ejecutivo faltara, el presidente de la Suprema Corte de Justicia lo sustituiría; aunque si la ausencia era definitiva, debía convocarse a una nueva elección.

La Constitución, que tenía 127 artículos, trataba sobre todo de los derechos del hombre. Es decir, del derecho de todos los mexicanos a gozar de la libertad de educación, trabajo, expresión, petición, asociación, tránsito, propiedad, y de la protección de las leyes. En las constituciones anteriores no se había puesto énfasis en la defensa del mexicano de forma individual y en ésta quedó instituido.

Como parte de dicha protección a las leyes, se creó el juicio de amparo, que es un procedimiento que todavía existe, y con el que todos los ciudadanos pueden protegerse de las arbitrariedades del gobierno y sobre todo, salvaguardar sus libertades. Esto quiere decir que los tribunales federales pueden suspender, temporalmente, si así lo pide cualquier persona, la decisión de las autoridades. Esto puede ocurrir en caso de que se sospeche que la propia autoridad esté violando los derechos individuales.

Otro asunto importante fue que la nueva Constitución estatuía la libertad religiosa, es decir, decretaba que habría tolerancia de culto, lo que significa que la religión católica ya no sería la única y obligatoria, tal y como había sido plasmado en las legislaciones anteriores. Por otra parte, la Constitución eliminaba la existencia de cualquier título nobiliario, privilegio o cualquier otra forma de distinción social entre los individuos y las corporaciones. De este modo, la nueva Carta Magna planteaba un cambio en la sociedad.

Costumbres de la época

Una de las fiestas más vistosas de la época era la del Día de Muertos, el 1 y 2 de noviembre. Por lo general, la gente iba a la iglesia a orar por los difuntos y luego a los cementerios para adornar sus tumbas. Hacia el medio día, la gente iba a la Plaza Mayor, hoy Zócalo, donde había puestos en los que se vendían dulces de azúcar, fruta y velas. Hacia la noche, un grupo musical aparecía en escena e invitaba a la gente a quedarse conviviendo con los demás paseantes. En las casas, era común que la gente tomara ponches, jalea de tejocote y comiera calaveras de azúcar y panes de muerto.

Como era de esperarse, algunos de los artículos no se aplicaron, pues, entre otras cosas, no tenían una relación muy estrecha con la forma en que la sociedad de la época funcionaba. Pero, además, porque algunos sectores se sintieron amenazados con la nueva legislación.

De inmediato, los políticos conservadores y la Iglesia reaccionaron contra la Constitución y exigieron que fuera anulada; específicamente, pidieron que se eliminaran los artículos que suprimían los privilegios de los miembros del clero y del ejército. A pesar de las quejas, los liberales se manifestaron convencidos de la necesidad de aplicar las nuevas leyes. Parecía que ambos bandos tenían posturas irreconciliables.

El sistema métrico decimal fue implantado por el presidente Ignacio Comonfort el 15 de marzo de 1857. Sin embargo, fue hasta el régimen de Porfirio Díaz cuando se generalizó su uso.

Las reacciones contra la Constitución implicaron la formación y levantamiento de grupos armados, como el de Zacapoaxtla, Puebla, donde grupos indígenas, motivados por los párrocos del lugar, y bajo el mando del general Luis G. Osollo, se levantaron en armas; con el lema "Religión y Fueros" exigieron la anulación de la Carta Magna.

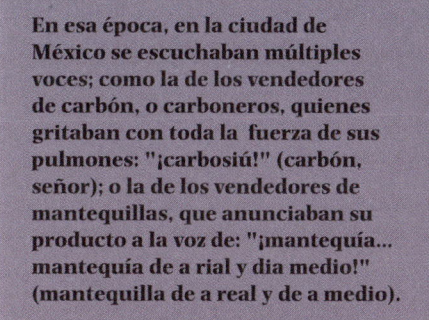

> En esa época, en la ciudad de México se escuchaban múltiples voces; como la de los vendedores de carbón, o carboneros, quienes gritaban con toda la fuerza de sus pulmones: "¡carbosiú!" (carbón, señor); o la de los vendedores de mantequillas, que anunciaban su producto a la voz de: "¡mantequía... mantequía de a rial y dia medio!" (mantequilla de a real y de a medio).
>
> Tomado de Marcos Arróniz, *Manual del viajero en México*.

Por su parte, la Iglesia exigió a sus fieles que no juraran la Constitución, y amenazó diciendo que quien lo hiciera, sería excomulgado. Casi todos los liberales eran católicos, de modo que pronto se sintieron intimidados con la reacción de la Iglesia y por la entrada en vigor del nuevo código. Todos los militares y funcionarios estaban obligados a firmarla, bajo la advertencia de que si no lo hacían, perderían sus empleos.

En estos tiempos, las clases altas de la sociedad hacían varias comidas a lo largo del día. La primera consistía en chocolate y pan, y a veces se disfrutaba en el dormitorio. La segunda era el almuerzo que se hacía cerca de las diez de la mañana, en el que se servía algún asado de carnero o de pollo y frijoles. La tercera, que se hacía entre la una y las dos de la tarde, estaba compuesta por un caldo, sopas de arroz o fideos, tortillas y algún guiso de carne con verduras. En el transcurso de la tarde se tomaba chocolate, alguna bebida refrescante, o bien, una merienda. La cena era la cuarta comida, en la que se degustaba un asado con ensalada o algún mole, y se servía entre las diez y las once de la noche.

Tomado de Guillermo Prieto, *Memorias de mis tiempos*.

Comonfort fue formalmente electo presidente constitucional el 1 de diciembre de 1857, y en su gabinete de gobierno invitó a participar a políticos liberales y conservadores. El hecho fue tomado como una muestra de su indecisión política y de que estaba dirigiendo sus esfuerzos hacia la conciliación entre los dos bandos. Él estaba convencido de que si reunía a ambos grupos, pronto se terminarían las discusiones por la puesta en práctica de la Constitución.

Félix Zuloaga era un militar y político sonorense, de ideas conservadoras, que había participado en la defensa de Monterrey en 1846, durante la guerra con los Estados Unidos de América y en la batalla del valle de México durante la invasión estadounidense; se había manifestado en contra del Plan de Ayutla e incluso había sido capturado por los liberales.

Como parte de las reacciones contra la Carta Magna, Félix Zuloaga dio a conocer el Plan de Tacubaya el 17 de diciembre de 1857, mediante el cual desconocía a la nueva Constitución y al gobierno de Ignacio Comonfort.

Pedro Gualdi, un artista que vivió en el México de estos años, hizo, entre muchos otros, un cuadro que representaba la Cámara de Diputados, que en aquel entonces estaba en el Palacio Nacional. El lugar se recuerda, entre otras cosas, porque ahí se juró la Constitución de 1857.

En la década de 1870 hubo un incendio que destruyó el sitio histórico, y cuando en el siglo XX lo reconstruyeron se usó la litografía de Gualdi para copiar los detalles del cuadro del artista.

Dos días después, el Presidente, creyendo que podía reconciliar ambas posturas, apoyó al Plan de Tacubaya, y declaró que su cargo le confería poderes omnímodos, por lo que mandó encarcelar a algunos de los ministros que habían trabajado con él, entre ellos a Benito Juárez, quien fungía como presidente de la Suprema Corte de Justicia.

1857 1861 La guerra de Reforma

La reacción que se desencadenó por la promulgación de la Constitución, la oposición de la Iglesia católica, las divisiones entre los liberales, así como las indecisiones del presidente Comonfort originaron la guerra de Reforma o de los Tres Años, como también se le conoce. La confrontación empezó en diciembre de 1857 y terminó en enero de 1861.

Se considera que la guerra de Reforma fue una guerra civil porque no hubo intervención extranjera, sino que se trató de una lucha militar entre los dos bandos políticos por la puesta en práctica de la Constitución de 1857.

Después del apoyo de Comonfort al Plan de Tacubaya, Zuloaga se levantó con la llamada guarnición militar de la ciudad de México y mandó apresar a varios diputados liberales, por lo que éstos salieron de la capital y se instalaron en Querétaro, donde comenzaron a publicar manifiestos en contra de la postura de Comonfort. También protestaron contra el encarcelamiento de algunos liberales e invitaron a los gobernadores y los legisladores a unirse a su causa.

Comonfort, por su parte, seguía en la indecisión. A pesar de que había apoyado el plan de Tacubaya, los conservadores sospecharon de él porque hasta este momento, en diciembre de 1857, se había negado a suspender las leyes reformistas. Y poco después, en un intento por corregir sus errores, quiso restablecer la Constitución de 1857, volviendo a apoyar a los liberales; pero ya era demasiado tarde, pues éstos no le creyeron y se negaron a apoyarlo. Además, los conservadores lo desconocieron y lo obligaron a renunciar el 21 de enero de 1858.

En su lugar nombraron a Félix Zuloaga como Presidente. A Comonfort no le quedó más remedio que abandonar su cargo y trasladarse, en febrero de 1858, a Veracruz, desde donde saldría rumbo a los Estados Unidos de América.

> **Durante la guerra de Reforma, el país estaba completamente dividido: algunos gobiernos de los estados de la República mexicana, como Querétaro, Michoacán y Jalisco apoyaron la postura de los liberales; y otros como el estado de México, Puebla, Tlaxcala y San Luis Potosí estuvieron a favor de los conservadores y del Plan de Tacubaya.**

Mientras tanto, Juárez, recién liberado de prisión en enero de 1858 por el mismo Comonfort, se trasladó a Guanajuato, donde estaban reunidos los liberales. Según lo estipulado en la Constitución de 1857, Juárez, como presidente de la Suprema Corte de Justicia, debía asumir el cargo de jefe del Ejecutivo en ausencia del Presidente. El oaxaqueño no sólo tomo posesión del cargo, sino que desde ahí dio a conocer un manifiesto en el que se anunciaba que el gobierno constitucional se había restablecido. Su gabinete estaba formado por Melchor Ocampo, Santos Degollado y Guillermo Prieto.

Se puede decir que en esos años México tuvo dos presidentes: el conservador, Félix Zuloaga, que estaba en la capital; y el liberal, Benito Juárez, que tenía su gobierno en Guanajuato.

En el Palacio Nacional, que se encuentra en el centro de la ciudad de México y puede visitarse todos los días, hay un mural que el pintor mexicano Diego Rivera hiciera muchos años después, en 1929, donde hay una escena de la guerra de Reforma, en la que se presenta a los liberales de la época, encabezados por Benito Juárez, quien aparece cargando la Constitución de 1857 y las leyes de Reforma.

Desde la ciudad de México, Zuloaga, como el presidente conservador, expidió las "Cinco Leyes", un documento en el que se derogaban la Ley Juárez, la Ley Iglesias y la Ley Lerdo, y en el que se oponía totalmente a la Constitución de 1857. También conformó a su propio cuerpo armado, el ejército que se conoció como "Restaurador de las Garantías", al mando del general Luis G. Osollo, quien había participado en la rebelión de Puebla.

Por su parte, Juárez, quien recién había instalado su gobierno, ahora en Guadalajara, huyó cuando parte de la guarnición militar de esa ciudad se pronunció a favor de los conservadores y lo hizo prisionero.

Cuando estaba a punto de ser pasado por las armas, Guillermo Prieto lo protegió y salvó de la muerte cuando se enfrentó a los soldados, gritándoles: "los valientes no asesinan", evitando así, la muerte del presidente liberal. Una vez a salvo, Juárez trasladó su gobierno a Colima, y desde Manzanillo, viajó rumbo a Panamá, donde atravesó el istmo y se embarcó rumbo a La Habana, y luego a Nueva Orleans. Luego se dirigió, el 4 de mayo de 1858, al puerto de Veracruz, y ahí permanecería hasta el fin del conflicto. El mandato de Juárez se había convertido en una República itinerante.

Al principio de la guerra, el ejército conservador, que era un ejército profesional, y que contaba con armas y municiones, triunfó en casi todas las batallas. Además, tenían abundantes municiones y pertrechos de guerra. Sus jefes eran militares graduados en el Colegio Militar. Luis G. Osollo dirigió el ejército, y a su muerte fue remplazado por Miguel Miramón, un joven que pronto fue conocido como "El Rayo de los Conservadores", por su destreza con las armas. Junto a Miramón se encontraban los generales Tomás Mejía y Leonardo Márquez.

En contraste, los liberales, entre los que estaban Ignacio Zaragoza y Leandro Valle, que fueron dirigidos, primero por Anastasio Parrodi y luego por Santos Degollado, no contaban con un ejército preparado, ni con armamento suficiente.

Frente a tales condiciones, en el año de 1858 y en los primeros meses de 1859, el ejército conservador venció a los liberales. En marzo, el ejército liberal, al mando de Santos Degollado se dirigió hacia la ciudad de México. Los conservadores se enteraron de este movimiento y actuaron en consecuencia: el general Miramón, quien se encontraba en Veracruz, fue hacia la capital, lo mismo que el general Márquez, quien estaba en Guadalajara. Ante el dominio de las fuerza conservadoras, los liberales fueron derrotados en la batalla de Tacubaya el 11 de abril de 1859.

Al conservador Leonardo Márquez, después de la batalla de Tacubaya, se le conoció como "El Tigre de Tacubaya" por haber ordenado el fusilamiento de 17 médicos y enfermeros que curaban a los heridos. A los liberales que murieron en esta batalla se les conoce como los "Mártires de Tacubaya"; entre ellos se encontraba el joven poeta Juan Díaz Covarrubias.

El gobierno de Juárez se instaló en el puerto de Veracruz, donde manifestó su disposición para cumplir la Constitución de 1857, y dio a conocer las Leyes de Reforma (que retomaban las leyes de Juárez, Iglesias y Lerdo) en julio de 1859. En ellas, como se habían propuesto desde un principio, se establecían de manera formal cuestiones fundamentales; una de ellas sería la nacionalización de los bienes de la Iglesia, la cual debía entregar todas sus propiedades (terrenos, casas y minas) al Estado para que se convirtieran en propiedad de todos los mexicanos.

Para los liberales, era fundamental reducir el poder económico y político de la Iglesia católica, poder que la había distinguido desde los tiempos del virreinato. Desde aquellos años, la Iglesia se había dedicado, además de a la evangelización, a otras actividades como salud y educación.

La Iglesia, además, se había convertido en la institución prestamista. Cuando un deudor no pagaba su deuda, la Iglesia tomaba posesión del predio que el solicitante le había dejado en garantía; esas tierras que no eran trabajadas fueron los llamados bienes de "manos muertas", o terrenos baldíos. Con el paso del tiempo, la Iglesia había acumulado un número importante de este tipo de tierras, con lo cual fue adquiriendo gran fuerza económica. Con las nuevas disposiciones, los liberales limitaban el dominio de la Iglesia y ademas obtenían recursos para enfrentar la guerra.

Como parte de las Leyes de Reforma también se estableció la creación del Registro Civil, una institución laica, que sería la encargada de llevar el registro de los nacimientos, los matrimonios y las defunciones, y que hasta ese entonces habían estado bajo el estricto control de la Iglesia. También se estableció que los cementerios tendrían una administración laica y se suprimieron algunas fiestas religiosas. Y, asimismo, se hizo manifiesta la libertad de cultos, con lo cual la religión católica ya no fue ni la única, ni la obligatoria.

En estos años, las comadronas o parteras eran las encargadas de ayudar a las futuras madres en el alumbramiento, que por lo general se hacía en la recámara de la parturienta. Al bebé no se le alimentaba con pecho materno, sino que lo ponían en manos de una nodriza, quien visitaba la casa varias veces al día, o bien, se quedaba a vivir ahí hasta el destete del niño. Las muertes durante los partos eran cosa frecuente; se calcula que había dos o tres mujeres fallecidas por cada generación.

Y mientras tanto, debido a la difícil situación financiera que se vivía, los dos gobiernos buscaron obtener préstamos del extranjero para costear la guerra. Los conservadores iniciaron gestiones con el gobierno español para firmar en noviembre de 1859 el Tratado Mon-Almonte, llamado así por el apellido del ministro español, Alejandro Mon y el del representante mexicano, Juan Nepomuceno Almonte, hijo de José María Morelos y Pavón. México reconocía las demandas de algunos ciudadanos españoles y ratificaba el tratado de 1853, en el que se obligaba a pagar las reclamaciones que se consideraban ya canceladas y a establecer un protectorado español. Además, el gobierno conservador adquirió un préstamo con la compañía Jecker y asociados, con el que recibió 700 mil pesos y se comprometía a reconocer una deuda de 15 millones en bonos pagaderos con los ingresos federales.

Por su parte, los liberales, representados por Melchor Ocampo, entraron en negociaciones con Robert McLane, un enviado del presidente estadounidense que pretendía, aprovechando la guerra civil, ampliar el territorio de su país. Se firmó entonces el Tratado Mc Lane-Ocampo en diciembre de 1859, mediante el cual los Estados Unidos de América obtenían el derecho de tránsito por el istmo de Tehuantepec, en Oaxaca, y desde el río Grande y Arizona al golfo de California. Además, adquiriría el derecho de ampliar sus fuerzas militares argumentando la necesidad de ofrecer seguridad y protección a personas y propiedades con paso libre en cualquier lugar de la zona. A cambio de estas concesiones, el gobierno liberal recibiría cuatro millones de dólares, de los cuales dos serían pagados de inmediato a la ratificación, y los dos restantes serían retenidos como garantía de pago de reclamaciones.

Para 1860, la balanza de la guerra no se decidía hacia ninguno de los dos bandos, pues las derrotas se alternaban y con ello era imposible designar a un triunfador. En ese mismo año, los liberales volvieron a atacar, pero esta vez Juárez contó con el apoyo de los estadounidenses, quienes interceptaron las embarcaciones enviadas a Veracruz por el presidente Miramón; y en otros lugares como Guadalajara, Colima, Sinaloa, algunas provincias del Bajío y San Luis Potosí, el ejército liberal comenzó a ganar también posiciones estratégicas. El 22 de diciembre, ambos ejércitos se enfrentaron en la batalla más importante y decisiva de esta guerra, la de San Miguel Calpulalpan, en el Estado de México, en la que los conservadores fueron derrotados por el general zacatecano, Jesús González Ortega. Miramón, derrotado, huyó al extranjero.

Los restos de Miguel Miramón fueron inhumados en el Panteón de San Fernando el 18 de julio de 1867. Justo cinco años después murió Benito Juárez, y fue enterrado a unos metros del general conservador. Cuando Concha Lombardo, la viuda de Miramón, regresó a México, ordenó trasladar los restos de su esposo a la Catedral de Puebla, donde hoy descansan.

Pocos días después, justo en la Navidad, los liberales ingresaron a la ciudad de México y se prepararon para recibir a Benito Juárez, quien entró triunfalmente a la capital el 11 de enero de 1861, y de inmediato restituyó el régimen constitucional.

1861–1863 La Intervención francesa

Con el triunfo de la República, Juárez fue electo presidente de México para el periodo de 1861 a 1865. Siguió con su política liberal y fue cauteloso con la aceptación de los representantes extranjeros, pues sólo le permitió la entrada a las potencias que simpatizaban con su régimen. Levantamientos del clero, manifestaciones de las facciones conservadoras en la prensa nacional y pronunciamientos del ejército conservador en forma de guerrillas fueron hechos frecuentes durante todo su mandato.

Cuando los liberales tomaron el poder, la situación del país era poco favorable: la guerra había dejado a la sociedad dividida, la crisis económica se había exacerbado por los gastos de guerra, y tanto los préstamos como deudas contraídas por liberales y conservadores habían incrementado la deuda externa.

El estado de la Hacienda Pública era delicado, pues durante mucho tiempo había emitido bonos que carecían de fondos, y además, había comprometido los productos de las aduanas marítimas. Por otra parte, los ingresos que se conseguían del cobro de impuestos no eran suficientes para mantener los gastos del gobierno, entre los que estaban los de un numeroso ejército; y aunque las propiedades de la Iglesia se habían vendido, el dinero seguía siendo poco para saldar los compromisos adquiridos.

En aquella época la deuda externa mexicana llegaba a los 82 millones de pesos: a Inglaterra se le debían $69,994,542 pesos (era la suma más grande); a España se le debían $9,460,986 pesos, mientras que a Francia se le debían $2,800,762 pesos.

Para tener un referente del costo de la vida en México, hay que considerar que una casa amueblada de dos pisos, ubicada cerca de la Plaza Mayor y que medía la cuarta parte de una manzana se vendía en $100,000 pesos.

La mayor parte de la población mexicana resintió la situación financiera de aquel entonces. Cada vez era más frecuente observar indígenas en las calles de las principales ciudades, pidiendo limosna, o intentando conseguir alguna moneda vendiendo sus servicios. Las escenas en las que aparecían indígenas descalzos, durmiendo en las calles y apenas cubiertos con sus sarapes, se convirtieron en escenas habituales en la ciudad de México. Otras clases menos desprotegidas recurrieron al empeño de sus bienes más preciados en el Monte de Piedad, lo que les permitió ganar un poco de dinero para solventar los gastos más urgentes. Las clases privilegiadas, si bien resintieron el estancamiento económico de la época, no tuvieron que recurrir a métodos que los obligaban a desprenderse de sus propiedades.

Ante la situación tan precaria que se vivía en el país, Juárez decidió suspender, en julio de 1861 y durante dos años, el pago de la deuda externa. En consecuencia, Inglaterra, Francia y España se inconformaron con la medida y rompieron relaciones diplomáticas con México.

En 1861, Napoleón III, nieto de Napoleón Bonaparte y casado con Eugenia de Montijo, mujer de origen español, gobernaba en Francia bajo un régimen monárquico. Napoleón III quería tener un imperio que dominara todo el mundo y que le permitiera controlar regiones importantes de los diferentes continentes. Por lo tanto, consideró a México dentro de sus planes expansionistas. Además, como los Estados Unidos de América estaban luchando en la Guerra de Secesión, una guerra en la que los estados del Sur se separaron del resto de la Unión, y que duró de 1861 a 1865, no podrían poner en práctica su Doctrina Monroe, y ningún país en América se opondría a su plan.

La Doctrina Monroe fue la postura que el gobierno de los Estados Unidos de América adoptó como la base de su política exterior. Básicamente consistía en manifestar su rechazo a cualquier intento de las potencias europeas para reconquistar cualquier país del continente americano, por lo que ha sido sintetizada en la frase "América para los americanos". Estas ideas surgieron del discurso que dio James Monroe al Congreso estadounidense en 1823, y aunque el entonces presidente no pretendió establecer una doctrina, con el tiempo fue asimilándose como tal.

Con estas intenciones, Napoleón III uso como pretexto la falta de pago de la deuda externa para invadir México. Para ello, el 31 de octubre reunió a una convención en Londres, a la que se invitó a los gobiernos de España e Inglaterra. Allí resolvieron formar la Alianza Tripartita, y se decidió que se enviarían tropas a México para apoderarse de las aduanas de los puertos mexicanos, obligando así al gobierno de México a pagar la deuda externa. Así, a fines de ese mismo año llegaron a las costas de Veracruz más de 5 mil soldados españoles, 800 ingleses y 3 mil franceses.

En respuesta a ello, el gobierno juarista reconoció la situación de crisis por la que el país atravesaba. El presidente Juárez nombró a Manuel Doblado como encargado de las negociaciones con los invasores, y éstos eligieron al español Juan Prim para lo mismo. Como parte de las negociaciones firmaron el Tratado de la Soledad, en el cual el gobierno mexicano autorizaba a las tropas extranjeras para que, debido al mal clima en Veracruz, se instalaran en Córdoba, Orizaba y Tehuacán, comprometiéndose a no invadir, mientras se llevaban a cabo las negociaciones entre los representantes de México y la Alianza Tripartita.

Después de algunas pláticas y acuerdos, Doblado logró que los miembros del ejército español e inglés se fueran de México, pero no tuvo los mismos resultados con los franceses, quienes violaron el Tratado de la Soledad y ocuparon Orizaba en abril de 1862, rompiendo la alianza. Después de una pequeña refriega en el fortín, comenzaron las hostilidades e inició la invasión. Además, los franceses aprovecharon la ocasión para entrar en negociaciones con los políticos conservadores que habían sido derrotados en la guerra de Reforma.

En respuesta, el Congreso le otorgó poderes ilimitados al presidente Juárez, quien dio a conocer una serie de nuevas disposiciones, en las que decretó que todo mexicano que ayudara a los extranjeros quedaría fuera de la ley, creó contribuciones especiales a los habitantes de la ciudad de México, y ordenó que las rentas públicas se utilizaran para el financiamiento de la guerra. Además, los hombres de entre veinte y sesenta años debían tomar las armas de forma obligatoria.

Así comenzó una nueva guerra, esta vez contra los franceses. El general Ignacio Zaragoza fue designado Jefe Supremo de las Fuerzas, quien después de combatir y ser derrotado en Acultzingo, Veracruz, defendió la ciudad de Puebla, que estaba amenazada por dos frentes: en el exterior, por los franceses; y en el interior, por los conservadores.

Los franceses estaban dirigidos por Charles Ferdinand Latrille, el conde de Lorencez. Su ejército era más numeroso y estaba mejor preparado que el mexicano. Se libraron muchas batallas entre los dos ejércitos, pero una de las más importantes fue la de Puebla, el 5 mayo de 1862, donde las tropas al mando de Zaragoza vencieron a los soldados de Napoleón III. La batalla, que duró varias horas de combate, tuvo como resultado la derrota de los invasores. Cuando Zaragoza murió de tifo, en septiembre de ese año, el presidente Juárez designó a Jesús González Ortega como Jefe del Ejército de Oriente.

Actualmente se celebra el triunfo de la batalla de Puebla cada 5 de mayo. Aunque el éxito de la batalla no impidió que el ejército francés interviniera en el país, su importancia se encuentra en que el pueblo mexicano vio que el extranjero no era invencible y que las estrategias militares nacionales estaban a la altura de las europeas.

Los mexicanos que estaban en contra de la Intervención francesa cantaban la siguiente canción de composición popular:

Batalla del 5 de mayo

Al estallido del cañón
mortífero corrían los zuavos
en gran confusión
y les gritaban a los chinacos:
¡Vengan traidores!
¡Tengan su intervención!
Con Tamariz y Márquez se entendieron,
les ayudó el traidor de Miramón,
y los chinacos bravos se batieron
inundando de gloria la nación.
¡Alto el fuego! Ya corren los traidores,
ni vergüenza tuvieron ni pudor,
¡Toquen diana! Clarines y tambores,
un día de gloria, la patria que triunfó.
¡Alto el fuego! Ya corren los traidores,
que vinieron a darnos la lección.
¡Coronemos a México de flores!
¡Muera Francia
y muera Napoleón!

Tomado del disco *Cancionero de la Intervención francesa*.

Después de la batalla de Puebla, Napoleón III envió más tropas francesas a México y nombró a nuevos dirigentes militares. Entre septiembre y octubre de 1862 desembarcaron en las costas de Veracruz más de 28 mil hombres al mando de Elías Federico Forey y Aquiles Bazaine. El ejército francés, esta vez más numeroso, combatió y derrotó, en un nuevo enfrentamiento en la ciudad de Puebla, al ejército de González Ortega. El sitio de los franceses duró 62 días, y fue así que Puebla fue ocupada en mayo de 1863, justo un año después de la famosa batalla. Una vez que se apoderaron de la ciudad de Puebla comenzaron a planear su entrada a la capital de México.

Cuando Juárez y sus ministros se enteraron de la derrota de su ejército, se fueron de la ciudad de México para buscar un lugar más seguro. Se instalaron en San Luis Potosí, y allí dieron órdenes para que se tomaran las medidas necesarias para la defensa del país, pues Tampico, Puebla, México, Pachuca, Tulancingo y Perote ya estaban en manos de los extranjeros. Juárez siguió con la tradición de su gobierno itinerante y se trasladó a Monterrey, y después a Saltillo, Chihuahua y Paso del Norte.

Durante la intervención francesa, uno de los alimentos que comían los miembros del ejército francés era la "baguette rellena", un pan que se partía por la mitad, se le untaba mostaza y mantequilla, y se rellenaba con jamones, quesos, pollo o carne. El alimento se hizo popular entre los mexicanos, quienes cambiaron la forma del pan y lo hicieron redondo, pues no les gustó la forma alargada del pan francés. Así nació la torta mexicana.

San Luis Potosí

Ciudad de México

El general Forey y los demás franceses, acompañados por los mexicanos conservadores, llegaron a la ciudad de México en junio de ese mismo año. Nombraron una Junta Superior de Gobierno y una Asamblea de Notables, en la que acordaron que el gobierno del país sería una monarquía, que el gobernante sería un emperador y que la Corona se ofrecería a Fernando Maximiliano de Habsburgo, archiduque de Austria.

Los chinacos eran hábiles jinetes que participaron en varios conflictos armados, entre ellos la segunda Intervención francesa, donde fueron famosos por su destreza en el manejo del machete, la lanza y la reata.

También se decidió que una comisión, conformada por los mexicanos Manuel Gutiérrez de Estrada, Juan Nepomuceno Almonte, José María Hidalgo y Francisco Javier Miranda, llevaría la propuesta a Maximiliano al castillo de Miramar, cerca de Trieste, donde el futuro emperador vivía con su esposa, Carlota Amelia Victoria Clementina Leopoldina.

1863 1866 El imperio de Maximiliano

Los conservadores mexicanos pensaban que la única forma de tener crecimiento económico y estabilidad política era a través de un gobierno extranjero. Según ellos, la experiencia en el gobierno del país había demostrado que los mexicanos no se podían gobernar solos, por lo que la presencia de un emperador europeo ayudaría a solucionar los conflictos nacionales. Por eso estuvieron tan interesados en apoyar los planes expansionistas de Napoleón III: La delegación mexicana de los conservadores ofreció la Corona de México a Maximiliano el 3 de octubre de 1863, en el castillo de Miramar.

Para convencer al archiduque de que aceptara el trono, la comisión dijo que el pueblo de México quería que lo gobernara un príncipe europeo. Maximiliano accedió a la propuesta con dos condiciones: que se realizara un plebiscito para conocer la opinión de los mexicanos, y que Napoleón III le otorgara apoyo económico y militar en la empresa imperial. Aunque el pueblo mexicano no participó en ninguna encuesta sobre el gobierno extranjero, a Maximiliano le hicieron creer que su petición había sido cumplida y aceptó el trono.

En marzo de 1864, en París, Maximiliano aceptó los compromisos que se establecerían en el Tratado de Miramar, y que él y Napoleón III firmaron el 10 de abril de ese año. En el convenio se estipuló que el gobierno francés proporcionaría apoyo militar, a través de su ejército, durante los seis años que duraría el imperio. Estas tropas que en principio sumarían los 25 mil hombres, se irían reduciendo conforme se organizaran las fuerzas imperiales mexicanas.

Los miembros de la infantería del ejército de Napoleón III eran en su mayoría zuavos. Una de las anécdotas de la época cuenta que un zuavo se asombró cuando llegó a México porque vio una fruta que tenía hojas de maíz por la parte de afuera y en su interior tenía una especie de masa con un pedazo de carne de puerco y un poco de salsa: un tamal.

Por su parte, México pagaría a Francia 270 millones de francos por los gastos de guerra hechos desde el 1 de julio de 1864, más 76 millones, de francos también, por un préstamo que Francia le haría a México con un interés anual de 3 por ciento. México pagaría mil francos anuales por cada soldado francés que permaneciera en el país, y 400 mil por cada viaje de transporte, un convenio que afectaba negativamente a la ya maltrecha economía mexicana, pues los gastos de intervención recaían en el pueblo mexicano. Por otra parte, Maximiliano debía renunciar a sus derechos a la Corona de Austria; él y Carlota decidieron emprender el viaje.

Fue así que comenzó el imperio de Maximiliano, o Segundo imperio, como también se le conoce. El emperador y su esposa Carlota llegaron al puerto de Veracruz el 28 de mayo de 1864, donde fueron recibidos por los pobladores del lugar.

Durante su imperio, Maximiliano patrocinó la elaboración de cuadros que relataran su paso por México, y que fueron pintados por artistas extranjeros, como el de Jean-Adolphe Beaucé, "Visita de la embajada de los indios kikapoos al emperador". La obra fue elaborada a propósito de las negociaciones entre estos indígenas y el emperador, en las que se reconoció la legitimidad de la propiedad de los nativos.

Después de pasar varias noches en el puerto viajaron a Puebla, donde los miembros de la Iglesia les organizaron una fiesta de bienvenida, y después de ello fueron trasladados a la ciudad de México, en donde la recepción fue todavía más vistosa. El camino a la capital les permitió observar a un país dividido, con una sociedad contrastante, donde la Iglesia católica tenía un gran poder.

Según Paula Kollonitz, dama de la emperatriz Carlota, el paseo más bonito en la ciudad de México era el de la Alameda, donde por las mañanas, caminaban y paseaban las mujeres. Iban con vestidos negros y zapatos del mismo color, escuchaban a la banda militar que tocaba de 8 a 10 de la mañana y se sentaban en las bancas de piedra. Ahí permanecían hasta el medio día, cuando regresaban a sus casas.

Maximiliano y Carlota llegaron a vivir a Chapultepec, donde remodelaron la antigua construcción —que había servido de morada a algunos virreyes de la Nueva España durante el siglo XVIII, y como sede del Colegio Militar a principios del XIX—, convirtiéndola en castillo: mandaron construirle un alcázar estilo neoclásico, y la amueblaron con tapetes, muebles, pianos, telas, cortinas, pisos, vajillas y cristalería europeas. Además, se mandó trazar un camino que conectó el edificio con el centro de la ciudad de México, al que se le llamó "Paseo de la Emperatriz".

Después de instalarse en Chapultepec, Maximiliano comenzó a formar su gabinete con políticos mexicanos, pero al contrario de lo que esperaban los conservadores que lo habían invitado, llamó a algunos liberales a gobernar con él e incluso ratificó las Leyes de Reforma que años antes Juárez había publicado desde el puerto de Veracruz.

Para sorpresa de muchos, el nuevo emperador tenía una ideología liberal y quería ponerla en práctica en México. Él estaba a favor de la tolerancia de cultos, de la separación de la Iglesia del Estado y de la nacionalización de las propiedades del clero.

Además, decretó que los sacerdotes otorgaran los sacramentos sin pago alguno, que el gobierno imperial tuviera el control de los matrimonios, nacimientos y defunciones, así como de los cementerios. Los grupos conservadores y los miembros de la Iglesia se desconcertaron por la conducta de Maximiliano y sus medidas, por lo que le hicieron saber que estaban en desacuerdo con él y además de presionarlo para que eliminara las leyes reformistas, le quitaron el apoyo. Tampoco los liberales lo defendieron, pues se negaban a respaldar a un gobierno extranjero y a una monarquía.

Sorprendentemente, Maximiliano fue el primer gobernante en México que pronunció sus discursos en español y en náhuatl para que todos los mexicanos le entendieran. Además, repartió tierras a las comunidades indígenas.

Juárez, que desde 1863 había establecido su gobierno en San Luis Potosí, permaneció unos meses ahí hasta que el ejército francés que llegó con Maximiliano avanzó, lo que lo obligó a trasladarse a Monterrey y más tarde a Saltillo. De Saltillo salió rumbo a Coahuila y de allí se dirigió a Chihuahua, donde se instaló con sus ministros Sebastián Lerdo de Tejada, José María Iglesias y Miguel Negrete.

A principios de 1865, el ejército francés tomó posesión de Mazatlán, Oaxaca, La Huasteca y una parte de Veracruz y Michoacán. Poco después, Maximiliano informó que el país estaba pacificado y que pronto tomarían Chihuahua para terminar con Juárez. En julio de ese año, el emperador celebró su cumpleaños y el aparente triunfo del gobierno imperial, pues en la ciudad de México hubo una serie de rumores que decían que Juárez y sus seguidores habían sido aniquilados. Las noticias se basaban en el ataque del ejército francés a Chihuahua ocurrido un mes antes, tras el cual suponían que los liberales habían huido a los Estados Unidos de América.

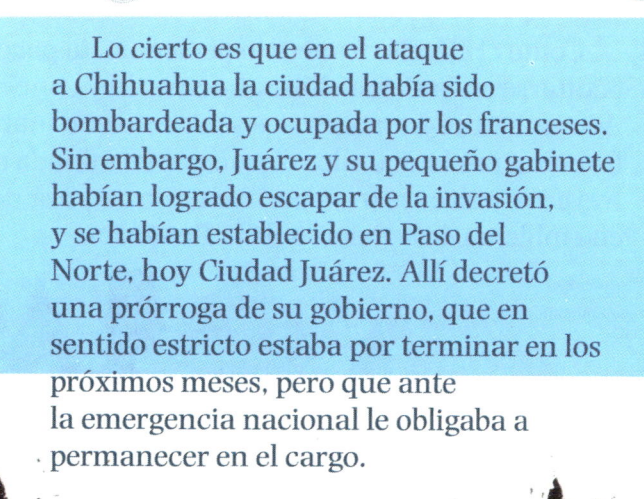

Lo cierto es que en el ataque a Chihuahua la ciudad había sido bombardeada y ocupada por los franceses. Sin embargo, Juárez y su pequeño gabinete habían logrado escapar de la invasión, y se habían establecido en Paso del Norte, hoy Ciudad Juárez. Allí decretó una prórroga de su gobierno, que en sentido estricto estaba por terminar en los próximos meses, pero que ante la emergencia nacional le obligaba a permanecer en el cargo.

El 21 de marzo de 1865, el día del cumpleaños de Juárez, sus ministros y el gobernador de Chihuahua le organizaron una fiesta para celebrarlo. Cuando Juárez se enteró, les advirtió que no quería que se gastara del erario público en el festejo. Sus colaboradores le respondieron que no lo harían, y que los gastos correrían por cuenta propia, y sólo así convencieron a Juárez de que asistiera a su evento, al que acudieron alrededor de 800 personas.

Como el ejército francés lo perseguía, al poco tiempo tuvo que ocultarse en la sierra chihuahuense, hoy conocida como Sierra de Juárez. A los militares franceses se les informó que Juárez había cruzado la frontera, por lo que ellos dieron por terminada su búsqueda. En todo este trayecto, Juárez se transportó en una carroza negra, la cual se convirtió en emblema de la defensa de la República.

El Segundo imperio se caracterizó por la activa vida social de las clases altas. Las fiestas y bailes que se organizaban en el castillo de Chapultepec fueron grandiosas por su magnitud y duración. Los invitados (embajadores, cónsules, ministros) hablaban de la buena organización de los bailes, de la abundante comida que se servía, de los exquisitos vinos, de los deliciosos postres, de la música que se tocaba en la cena, de los vestidos sorprendentes de la emperatriz. Decían que el castillo de Chapultepec se había convertido en una verdadera corte europea, y que el lujo y la riqueza que se veían en México hablaban del poderío de Napoleón III.

Para las clases populares se organizaban otras actividades: los domingos por la tarde en los jardines del castillo, las personas más necesitadas iban con los emperadores y les pedían apoyo para salir de sus apuros económicos. Maximiliano y Carlota los escuchaban con atención. Estas reuniones fueron tan exitosas que los mexicanos se formaban en largas filas para poder hablar con los emperadores. Dicha práctica tenía sus orígenes en la tradición de los reyes taumaturgos, aquellos reyes europeos que se pensaba tenían el poder del curar con su tacto las escrófulas de los enfermos. Eso hizo que los reyes europeos estuvieran en contacto con sus pueblos, y que Maximiliano y Carlota, como herederos de esa costumbre, la aplicaran en México.

En diciembre del mismo año, los franceses se enteraron que Juárez estaba en México, por lo que prepararon un nuevo ataque en Chihuahua, donde capturaron a José María Iglesias y lo fusilaron el 24 de diciembre. Las tropas de Napoleón III continuaron persiguiendo al gobierno juarista, el cual logró escapar con la ayuda del gobernador de Chihuahua, el general Luis Terrazas. Él contraatacó a los franceses y tomó, de nuevo, la capital de Chihuahua el 25 de marzo de 1866. Los liberales recuperaron Parral y avanzaron por Durango. Juárez entró de nuevo a Chihuahua el 7 de junio de 1866, donde fue recibido por la población con júbilo y satisfacción.

1866 1867 El triunfo de los liberales

Ya para fines de 1866 se rumoraba que Maximiliano temía el retiro de los soldados franceses que Napoleón III le había proporcionado para la conformación de su ejército, pues Francia estaba en guerra con Prusia y necesitaba de sus tropas. A principios del año siguiente, las noticias se confirmarían, y con ello comenzaría a debilitarse el Segundo imperio.

A esa situación se sumó el fin de la Guerra de Secesión norteamericana, conflicto que había dividido temporalmente a los Estados Unidos de América en dos regiones; una vez terminada la guerra civil, el gobierno de la Unión, triunfante sobre los Estados Confederados del Sur, reconoció al gobierno de Juárez como el legítimo. En México la situación económica seguía sin ser favorable, y ni siquiera se había podido pagar la deuda externa a Francia; la Hacienda Pública estaba colapsada. Para junio de 1866, la situación del país era cada vez más problemática y el imperio de Maximiliano se desmoronaba: el clero le había quitado todo su apoyo al no anular las Leyes de Reforma y los conservadores se habían manifestado en su contra.

Además, el retiro de las tropas francesas lo dejó sin un ejército que lo defendiera y sin el apoyo de Francia. Ante todas las dificultades, Maximiliano intentó renunciar al trono, pero su esposa Carlota lo convenció de que no lo hiciera, y en lugar de eso, a principios de julio de ese mismo año, ella se ofreció viajar a París para hablar personalmente con Napoleón III y persuadirlo del cumplimiento del Tratado de Miramar.

Cuando los republicanos se enteraron de la salida de la emperatriz Carlota a Europa en busca de apoyo, el general y poeta Vicente Riva Palacio, hijo de Mariano Riva Palacio, quien al poco tiempo fungiría como el abogado defensor de Maximiliano durante el juicio en Querétaro, le escribió esta canción. En ella se vislumbraba la caída del imperio, lo que explica que con el tiempo, esta balada se convertiría en el himno más popular entre los simpatizantes de la República.

Adiós mamá Carlota

Alegre el marinero
con voz pesada canta,
y el ancla ya levanta
con extraño rumor
la nave en los mares,
botando cual pelota;
adiós mamá Carlota,
adiós mi tierno amor.

De la remota playa
te mira con tristeza
la estúpida nobleza
del mocho y el traidor.

En el hondo de su pecho
ya sienten su derrota;
adiós mamá Carlota,
adiós mi tierno amor.

Acábanse en Palacio
tertulias, juegos, bailes;
agítanse los frailes
en fuerza de dolor.

La chusma de las cruces
gritando se alborota:
adiós mamá Carlota,
adiós mi tierno amor.

Tomado del disco *Cancionero de la Intervención francesa.*

67

Hacia 1870, el promedio de vida era de 25 años de edad. Enfermedades como la pulmonía, paludismo, cólera y fiebre amarilla eran las más comunes en la población del país.

Carlota llegó a París acompañada por la delegación mexicana que había invitado a Maximiliano a México. Sin embargo, Napoleón y su esposa Eugenia recibieron solamente a la esposa del emperador, a la que le hicieron saber que no cambiarían su postura. A los pocos días, en agosto, y ante la insistencia de la emperatriz, consiguió una nueva entrevista con Napoleón III, quien le sugirió que Maximiliano debía abdicar al trono de México. Después de unas semanas, Carlota buscó al Papa Pío IX para pedirle que se respetara el Tratado de Miramar, pero no tuvo los resultados que ella esperaba y sus súplicas fueron insuficientes: Napoleón III retiró a sus tropas de México entre febrero y marzo de 1867.

Mientras tanto, Juárez, que seguía en Chihuahua, había organizado tres frentes militares para atacar a los imperialistas: en el Norte, al mando del general oriundo de Nuevo León, Mariano Escobedo; en el Occidente, bajo la dirección del general jaliciense Ramón Corona; y en el Oriente, ante las órdenes del general oaxaqueño Porfirio Díaz. Durante 1866, los tres cuerpos fueron tomando posiciones, hasta que a principios del año siguiente, el ejército republicano logró tener el control de la mayor parte del país, ante lo cual Maximiliano optó por salir de la ciudad de México y dirigirse a Querétaro, haciéndose acompañar por un pequeño ejército mexicano formado por conservadores. La ciudad de Querétaro fue sitiada por los generales Escobedo y Corona, quienes el 15 de mayo de 1867 se apoderaron de la plaza, capturando al emperador y a los pocos que lo acompañaban.

Hay narraciones que cuentan que durante el sitio de Querétaro, Maximiliano envió a un soldado, conocido como Salvino, para que se enterara de lo ocurrido con Márquez. Según lo acordado, el emisario debía hacerse pasar por liberal, mezclarse con las tropas e ir a la ciudad de México. Al día siguiente, apareció un hombre colgado en un árbol con un letrero que anunciaba: "Soy el correo del emperador y estoy muerto". Se trataba de Salvino.

En esta época se hicieron populares los catecismos para enseñar a los niños la historia de México. El sistema consistía en memorizar una serie de preguntas y respuestas, que incluía fechas, nombres y explicaciones de la historia nacional. Uno de los más famosos fue el *Catecismo elemental de la historia de México*, de José María Roa Bárcena.

Juárez, desde Paso del Norte, comenzó a avanzar hacia el sur, dirigiéndose a San Luis Potosí, donde, nuevamente, estableció la sede de su gobierno hasta que se enteró de que la ciudad de México estaba en manos republicanas. Ahí ordenó que Maximiliano y sus generales Miguel Miramón y Tomás Mejía fueran juzgados en un Consejo de Guerra, que se celebraría en el Teatro Municipal. El juicio duró tres días, y a los tres se les condenó a morir al día siguiente. Los delitos por los que fueron inculpados fueron: apoyo a los invasores franceses, traición a la patria, y para Maximiliano, usurpación del poder.

Antes de que Maximiliano fuera fusilado en el cerro de las Campanas, el ex emperador les entregó una moneda de plata a los soldados que lo iban a matar y les pidió que no le dispararan en la cara. A la orden de fuego dispararon los fusiles y de un solo tiro murieron Miramón y Mejía, pero Maximiliano no. A Maximiliano le tuvieron que volver a disparar, y hay quien cuenta que por eso su corazón quedó dividido en varias partes que después fueron vendidas en las calles de la ciudad de México.

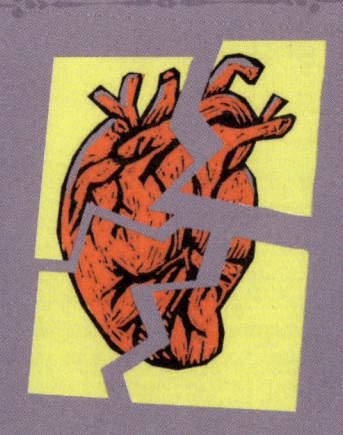

Antes de morir, Maximiliano cedió el lugar del centro a Miramón, y después gritó: "voy a morir por una causa justa, la de la Independencia y libertad de México, ¡que mi sangre selle las desgracias de mi nueva patria! ¡Viva México!"

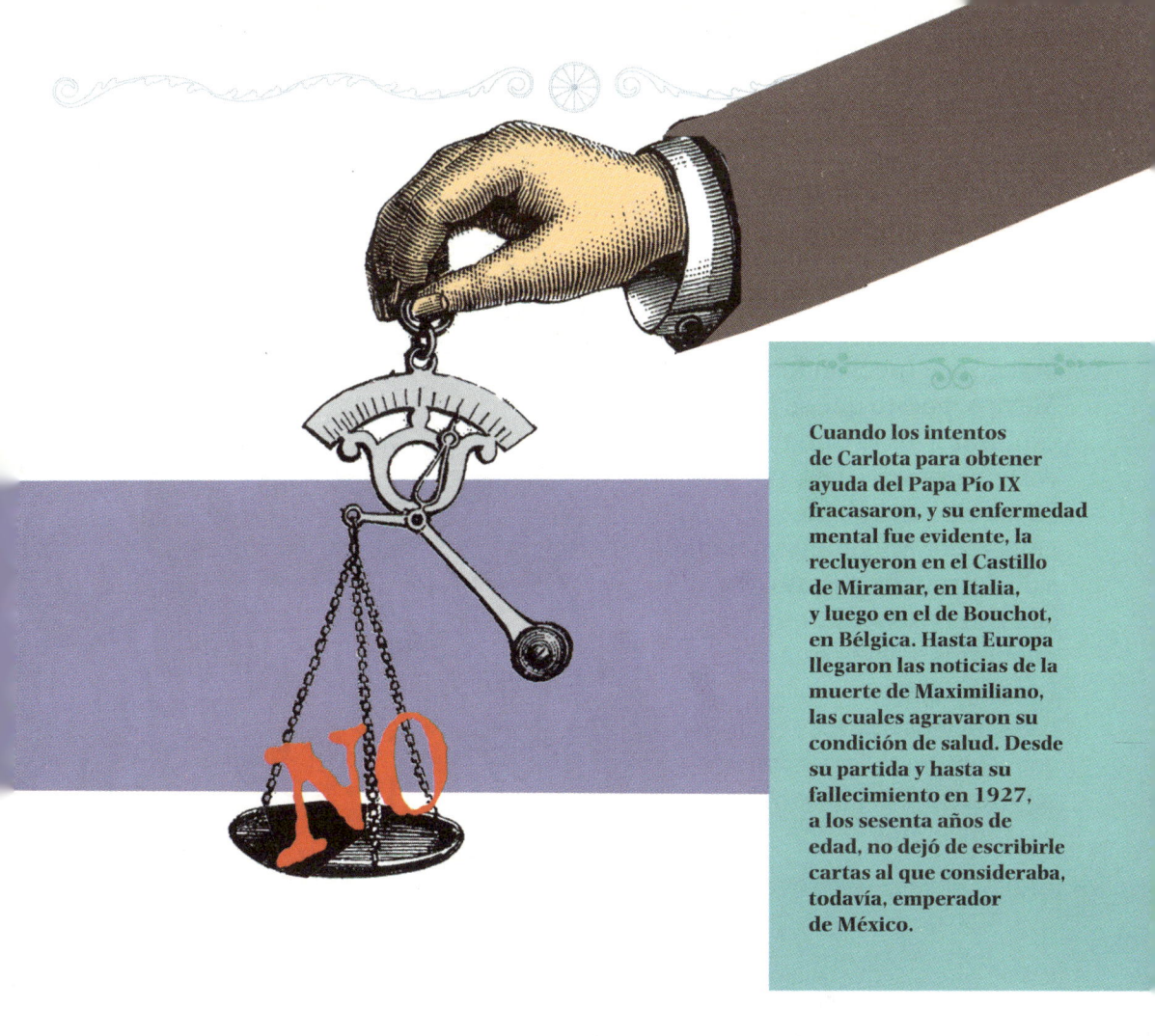

Cuando los intentos de Carlota para obtener ayuda del Papa Pío IX fracasaron, y su enfermedad mental fue evidente, la recluyeron en el Castillo de Miramar, en Italia, y luego en el de Bouchot, en Bélgica. Hasta Europa llegaron las noticias de la muerte de Maximiliano, las cuales agravaron su condición de salud. Desde su partida y hasta su fallecimiento en 1927, a los sesenta años de edad, no dejó de escribirle cartas al que consideraba, todavía, emperador de México.

Cuando se mandó fusilar a Maximiliano, varios diplomáticos intervinieron a su favor: la princesa Salm Salm, esposa de uno de los miembros del gabinete de Maximiliano, le pidió a Juárez, de rodillas, clemencia para el emperador; el cónsul de los Estados Unidos de América en México, Marcus Otterbourg, le envió cartas para sugerirle tomara una salida pacífica y diplomática.

Las esposas de Miramón y de Mejía también le solicitaron a Juárez no mandara fusilar a sus maridos. Las súplicas sólo sirvieron para retrasar el fusilamiento, pues Juárez aseguró que no podía renunciar a la justicia del país. Finalmente, la orden se hizo cumplir en el Cerro de las Campanas el 19 de junio de 1867.

El fusilamiento de Maximiliano y de sus colaboradores Mejía y Miramón marcó el triunfo de la República. Hay quienes se refieren a este hecho como la segunda Independencia de México, puesto que se logró expulsar a los extranjeros del gobierno del país. La administración del emperador Maximiliano había sido derrotada, y junto con ella los conservadores y los miembros de la Iglesia. Los políticos estaban convencidos que los gobernantes del país debían ser mexicanos, laicos y republicanos.

El fusilamiento de Maximiliano impactó al mundo entero. A las potencias europeas y al propio gobierno estadounidense les costó trabajo entender la osadía de Juárez al mandar fusilar a un miembro de la dinastía de los Habsburgo. Varios pintores franceses, que pertenecían al movimiento del impresionismo, representaron la triple ejecución. En el que hizo Édouard Manet, Maximiliano aparece con un sombrero mexicano, y el pelotón de fusilamiento viste el uniforme del ejército francés, dando a entender que Napoleón III fue el culpable de la caída del imperio.

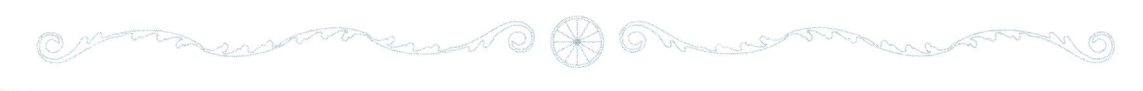

Poco después del episodio del cerro de las Campanas, el general Díaz tomó la ciudad de México, lo que le permitió a Juárez y a su gabinete entrar a la capital del país. El 15 de julio de 1867, ya en el valle de México, Juárez pasó por el Paseo de la Emperatriz, que desde ese momento comenzó a nombrarse Paseo de la Reforma; y al llegar a la Alameda se lanzaron varias decenas de palomas blancas para anunciar su arribo. En el Palacio de Minería antes de izar la bandera mexicana en la plaza Mayor, ofreció un discurso, que se recuerda hasta nuestros días:

"Mexicanos: encaminemos ahora todos nuestros esfuerzos a obtener y a consolidar los beneficios de la paz. Bajo sus auspicios, será eficaz la protección de las leyes y de las autoridades para los derechos de todos los habitantes de la República. Que el pueblo y el gobierno respeten los derechos de todos. Entre los individuos, como entre las naciones, el respeto al derecho ajeno es la paz. Confiemos en que todos los mexicanos, aleccionados por la prolongada y dolorosa experiencia de las comunidades de la guerra, cooperaremos en el bienestar y la prosperidad de la nación que sólo pueden conseguirse con un inviolable respeto a las leyes, y con la obediencia a las autoridades elegidas por el pueblo."

La imagen de Benito Juárez ha inspirado a un sinfín de artistas, entre ellos, al pintor oaxaqueño Francisco Toledo, quien ha recuperado la imagen de quien fuera el defensor de la República, y elaborado varios cuadros inspirándose en sus ideas políticas.

1867–1879 La República restaurada

La República había triunfado: Juárez restableció su gobierno en la capital de México el 15 de julio de 1867. Y comenzó el periodo de la República restaurada (que duraría de 1867 a 1879), llamado así porque después de la expulsión de los franceses, se retomó el proyecto republicano que antes de la Guerra de Reforma se había intentado llevar a la práctica.

urna

A pesar de la victoria, Juárez tuvo que enfrentar la división entre los liberales. A pocas semanas de haber entrado a la capital, convocó a elecciones para Presidente de la República, para diputados federales y magistrados de la Suprema Corte. El objetivo de las votaciones era, entre otras cosas, terminar con las facultades extraordinarias con las que había gobernado y combatido al Segundo imperio.

Mientras se llamaba al sufragio, Juárez y su ministro de Relaciones, Sebastián Lerdo de Tejada, convocaron a un plebiscito popular en el que se preguntaba si el poder Ejecutivo debía tener más facultades que el Legislativo; tanto Juárez como Lerdo estaban convencidos de que lo que el país necesitaba en esos momentos era un presidente fuerte, que no estuviera sometido al Congreso, y que pudiera dominar a las otras instancias gubernamentales; sin embargo, para llevar esa idea a la práctica había que reformar la Constitución de 1857.

Fue así como se intentó organizar la consulta popular, la cual, ante el rechazo de la población, fue cancelada. Las elecciones se realizaron en septiembre de ese mismo año, en las que Juárez resultó ganador para el periodo 1867-1871.

Con el objeto de incentivar la economía, Juárez ordenó se reanudaran las obras del Ferrocarril Mexicano, suspendidas durante el ataque contra el Segundo imperio, y que conectarían la ciudad de México con el Puerto de Veracruz.

Además, reorganizó al ejército mexicano y lo redujo a tan sólo cinco divisiones, licenciando a muchos soldados y jefes militares, que pronto organizarían levantamientos políticos durante su presidencia. Según Juárez, una vez expulsadas las fuerzas francesas del país, ya no era necesario contar con un ejército tan numeroso, que se calculaba sumaba los 25 mil miembros. También reestructuró la Hacienda Pública y con ello el cobro de los impuestos. Asimismo, se comenzaron a construir caminos y canales y se amplió la red del telégrafo. También intentó reactivar la minería y el comercio para favorecer el crecimiento económico y fomentar la propiedad privada, según los principios del liberalismo.

Antes de la inauguración de la primera vía del ferrocarril, que iba del puerto de Veracruz a la ciudad de México, el transporte se hacía en diligencias y era muy lento. De Veracruz a la ciudad de México el viaje tomaba 7 días, de la ciudad de México a Guadalajara alrededor de 13 o 15.

La situación educativa del país reflejaba el rezago que se vivía en México. La mayor parte de la población era analfabeta, y eran muy pocos los niños que acudían a las escuelas. Por eso se creó un sistema que pretendía aumentar el número de centros educativos, así como el de los pupilos que asistían a éstos. Además, se intentó incorporar a las comunidades indígenas.

La nueva ley de instrucción de 1868, creada por Gabino Barreda, quien pasaría a la historia como el fundador de la Escuela Nacional Preparatoria, establecía la escuela secundaria para las mujeres y los estudios para los varones de preparatoria, jurisprudencia, medicina, cirugía y farmacia, agricultura y veterinaria, ingenieros, música y declamación, y comercio, entre otras más. También establecía la creación de un observatorio astronómico, una academia de ciencias y literatura y un jardín botánico. Esta nueva ley se convirtió en el referente del liberalismo mexicano. Para Barreda, la Escuela Nacional Preparatoria debía funcionar como el eje central de su plan educativo, dado que serviría de unión entre la primaria y la formación profesional.

En 1871 nuevamente se hicieron las elecciones para presidente, en las que hubo tres candidatos: Juárez, Sebastián Lerdo de Tejada y Porfirio Díaz. Ninguno de los tres alcanzó el 50 por ciento de las votaciones a favor, motivo por el cual la Cámara de Diputados decidió que Juárez sería reelecto como presidente.

Durante el gobierno de Juárez hubo también problemas de índole social, pues ladrones, bandoleros, campesinos y ex militares se dedicaron al asalto y a la rapiña de las diligencias y las haciendas, lo que hacía de México un país inseguro.

Porfirio Díaz no estuvo de acuerdo con esa medida, por lo que, desde Oaxaca, organizó, el 9 de noviembre de 1871, el Plan de la Noria, e insistió en que las elecciones debían repetirse. En el documento, Díaz denunciaba que las reelecciones indefinidas, forzosas y violentas del presidente Juárez estaban poniendo en riesgo las instituciones nacionales.

Las tropas de Juárez lograron controlar la rebelión organizada por Díaz; sin embargo, no era la única: hubo otros movimientos de levantamiento, muchos de ellos de militares veteranos que se sintieron desplazados del poder político. De modo que aunque el gobierno de Juárez gozaba de popularidad, se trataba de una administración débil frente al poder que habían tomado los caciques regionales y los militares.

El uniforme de los rurales era el de charro. Por lo general se les encontraba montando a caballo, y eran famosos por su violencia al aplicar la "Ley Fuga", por medio de la cual asesinaban a sus reos, pretextando el escape de su preso.

Además, las condiciones de vida de la mayor parte de los mexicanos cada vez eran peores, por lo que a las revueltas militares se sumaron las de los campesinos y de las clases más pobres. Fue así que en 1869 Juárez creó una fuerza armada, conocida como la de los "rurales", que se encargaría de controlar los levantamientos en las provincias del país. Los rurales no solucionaron el problema, ya que sus miembros eran caudillos militares. Fue así como se cayó entonces en un círculo vicioso, ya que para eliminar a los caciques, Juárez recurría a ellos para evitar las sublevaciones.

En junio de 1872, Juárez, todavía en su cargo de presidente, murió inesperadamente en Palacio Nacional. Sebastián Lerdo de Tejada, quien fungía como presidente de la Suprema Corte de Justicia, asumió la presidencia de modo interino.

El 1 de diciembre del mismo año, Lerdo de Tejada fue electo y designado presidente constitucional y echó a andar su proyecto de gobierno, que incluía la expulsión de los jesuitas del país, la renegociación de la deuda que México tenía con Inglaterra y la creación del Senado, que serviría de contrapeso a la Cámara de Diputados. Al año siguiente inauguró la línea de ferrocarril que unía a la ciudad de México con Veracruz. Igual que Juárez, Lerdo de Tejada tuvo que enfrentar levantamientos en distintas partes del país, como el de Manuel Lozada en Tepic, Nayarit.

En mayo de 1873, Lerdo de Tejada emitió un decreto en el que se prohibió toda manifestación pública de culto, y una semana después ordenó la salida de las órdenes religiosas que vivían en la ciudad de México. Unos meses más tarde, en septiembre del mismo año, decretó que las Leyes de Reforma serían incorporadas a la Constitución de 1857, ante lo cual la Iglesia católica y las clases conservadoras reaccionaron en su contra, organizando un movimiento que se conoce como la revuelta cristera, que tuvo como centro de operaciones el estado de Michoacán.

A pesar de los esfuerzos para controlar la rebelión, a la administración de Lerdo de Tejada le fue imposible. Pero continuó con su política anticlerical, y para 1874 mandó expulsar a la orden de las Hermanas de la Caridad, una agrupación religiosa que se dedicaba al cuidado de los enfermos.

En el área educativa, Lerdo de Tejada continuó dándole apoyo al programa de Barreda, convencido de que lo que el país necesitaba era una educación laica, nacionalista y científica. Además, impulsó la actividad periodística, a través de la libertad de prensa y de expresión. Según los principios del liberalismo, las libertades individuales debían ser respetadas, y una de las más importantes era la libertad de expresión.

Una de las actividades que más gustaban a los mexicanos de la época era ir al teatro. En la ciudad de México había varios teatros, como el que estaba ubicado en la calle de Vergara, hoy Bolívar, que había sido construido en 1844 y era llamado "Teatro Santa Anna", en honor al gobernante. Durante el imperio de Maximiliano se le nombró "Teatro imperial", y tras la caída del Segundo imperio, y con la Restauración de la República, se le cambió de nombre y se le conoció como "Teatro Nacional" hasta su demolición en 1905. Más allá del nombre del recinto, en él se presentaron espectáculos españoles e italianos de gran calidad, se hicieron las celebraciones de la Independencia y fue donde se estrenó el Himno Nacional.

Los periódicos, las revistas y los libros fueron los principales medios para manifestar las ideas políticas de la época. A pesar de que la mayor parte de la población mexicana era analfabeta, hubo una gran difusión de las noticias gracias a los gabinetes de lectura, lugares en los que las personas que sabían leer, lo hacían en voz alta y los asistentes oían y comentaban lo escuchado.

Desde tiempos de la guerra de Reforma, los periódicos se habían convertido en verdaderos campos de batalla, ya que ahí los políticos publicaban artículos en los que entraban en acalorados debates con sus enemigos. Eso explica que haya habido periódicos de diferentes tendencias y filiaciones; por ejemplo, entre los periódicos conservadores se pueden mencionar *El Universal*, *La Voz de México* y *El Pájaro Verde*; mientras que entre los periódicos liberales estaban *El Monitor Republicano* y *El Siglo Diez y Nueve*.

Uno de los temas que los políticos e intelectuales abordaron en sus textos fue el de la historia de México. Dependiendo de la postura política, los autores escribieron su versión de la historia nacional, por lo que cada grupo rescató a sus propios héroes patrios. Fue así como los conservadores escribieron su interpretación del pasado mexicano, como el *Catecismo elemental de la historia de México,* de José María Roa Bárcena, un interesante interrogatorio, usado en la enseñanza de la historia, en el que los héroes y los villanos eran sus principales protagonistas.

En contraste, los autores liberales, como Guillermo Prieto, optaron por publicar libros en los que no se obligaba al alumno a la repetición automática de nombres y fechas, pero donde tampoco se le invitaba a la reflexión.

Por otra parte, Lerdo de Tejada enfrentó discusiones con el presidente de la Suprema Corte de Justicia, José María Iglesias. Según Lerdo, debía ser él quien nombrara a los jueces del poder Judicial, pero Iglesias argumentaba que la separación de los tres poderes garantizaba la impartición de justicia y el cumplimiento de la Constitución de 1857. Además, señalaba, si el Ejecutivo intervenía en el nombramiento de los jueces, se crearían lazos de lealtad que a la larga serían dañinos para la República.

Aunque el problema no se solucionó durante la administración lerdista, sí se creó una distancia entre el poder Ejecutivo y el Judicial. En mayo de 1875, Lerdo publicó una ley con la que restringía las facultades de la Suprema Corte de Justicia, lo que obligó a Iglesias a presentar su renuncia al cargo.

> En el siglo XIX, las elecciones, que se realizaban cada 4 años, se llevaban a cabo en la Cámara de Diputados, es decir, los diputados eran quienes votaban y representaban la voluntad política de todos los mexicanos.

Hacia fines de 1875, las tensiones políticas y sociales fueron tantas que aumentaron las rebeliones en contra del gobierno. Por esas mismas fechas, Lerdo de Tejada convocó a elecciones. Los candidatos que se postularon fueron él mismo y Porfirio Díaz, quien ante el resultado de las elecciones, se levantó en armas y proclamó el Plan de Tuxtepec, que desconocía al gobierno de Lerdo, pues estaba en contra de la reelección y se resumía bajo el lema: "Sufragio efectivo, no reelección".

El plan fue tan exitoso que Lerdo tuvo que salir del país, establecerse en los Estados Unidos de América, y permitir que Díaz ocupara la presidencia.

Los mexicanos gustaban de ir a las corridas de toros, a las peleas de gallos, a jugar cartas y apostar de manera clandestina, a las pulquerías, a los cafés, o simplemente, iban a pasear por la Alameda, repleta de fresnos, sauces y álamos, que es de donde esta plaza obtiene su nombre, y que apenas unos años antes se había iluminado con mecheros de gas.

Terminaba así la República restaurada y la llamada época liberal, la segunda mitad del siglo XIX, que marcó el inicio de la modernidad en México: los cambios en la política, el enfrentamiento a un ejército invasor, la confirmación de la lucha por la Independencia y un nuevo proyecto de nación liberal condujeron al país a una etapa de crecimiento económico y estabilidad política, rasgos desconocidos por los mexicanos que vivieron en los años posteriores a la independencia de España.

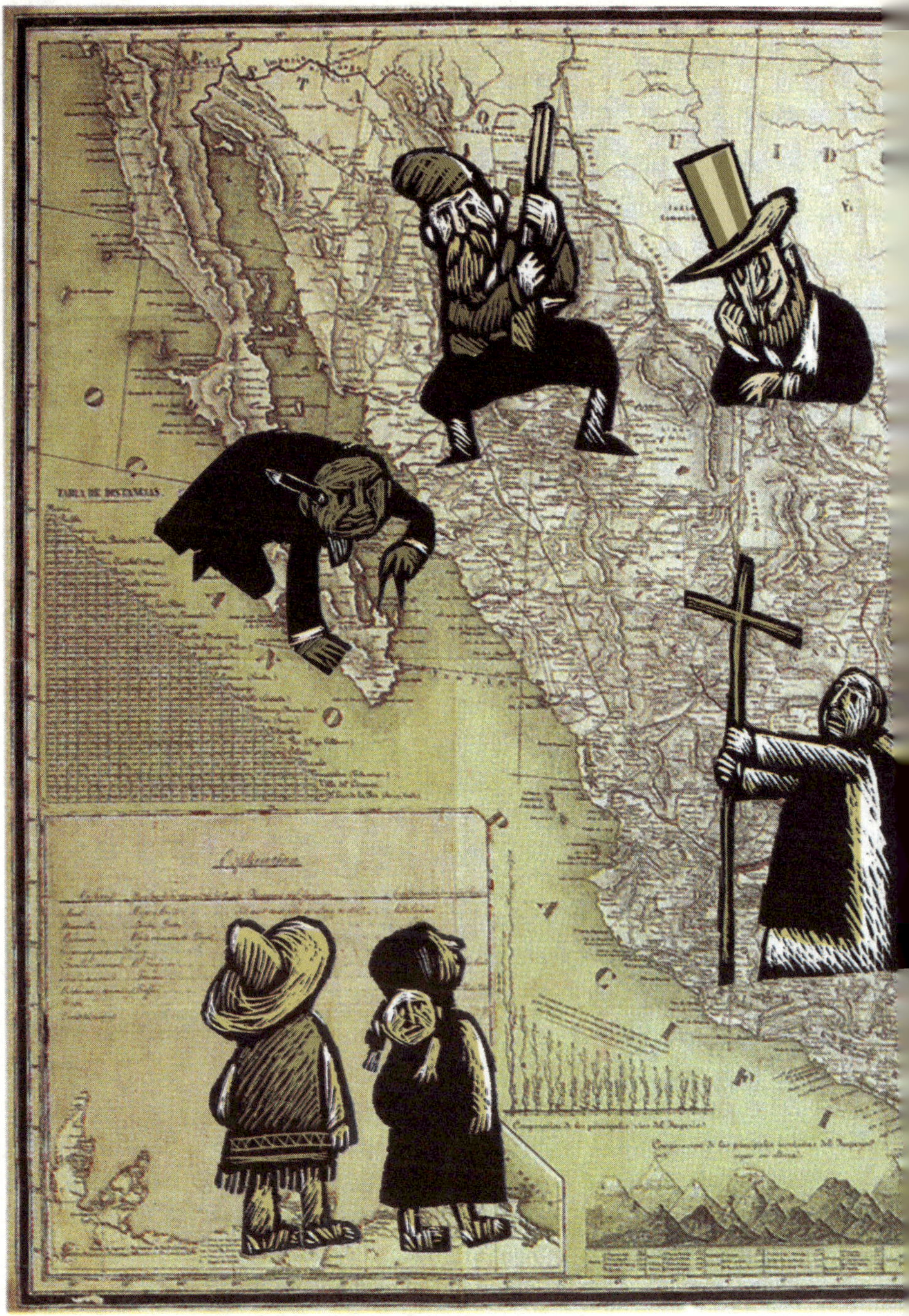
TABLA DE DISTANCIAS

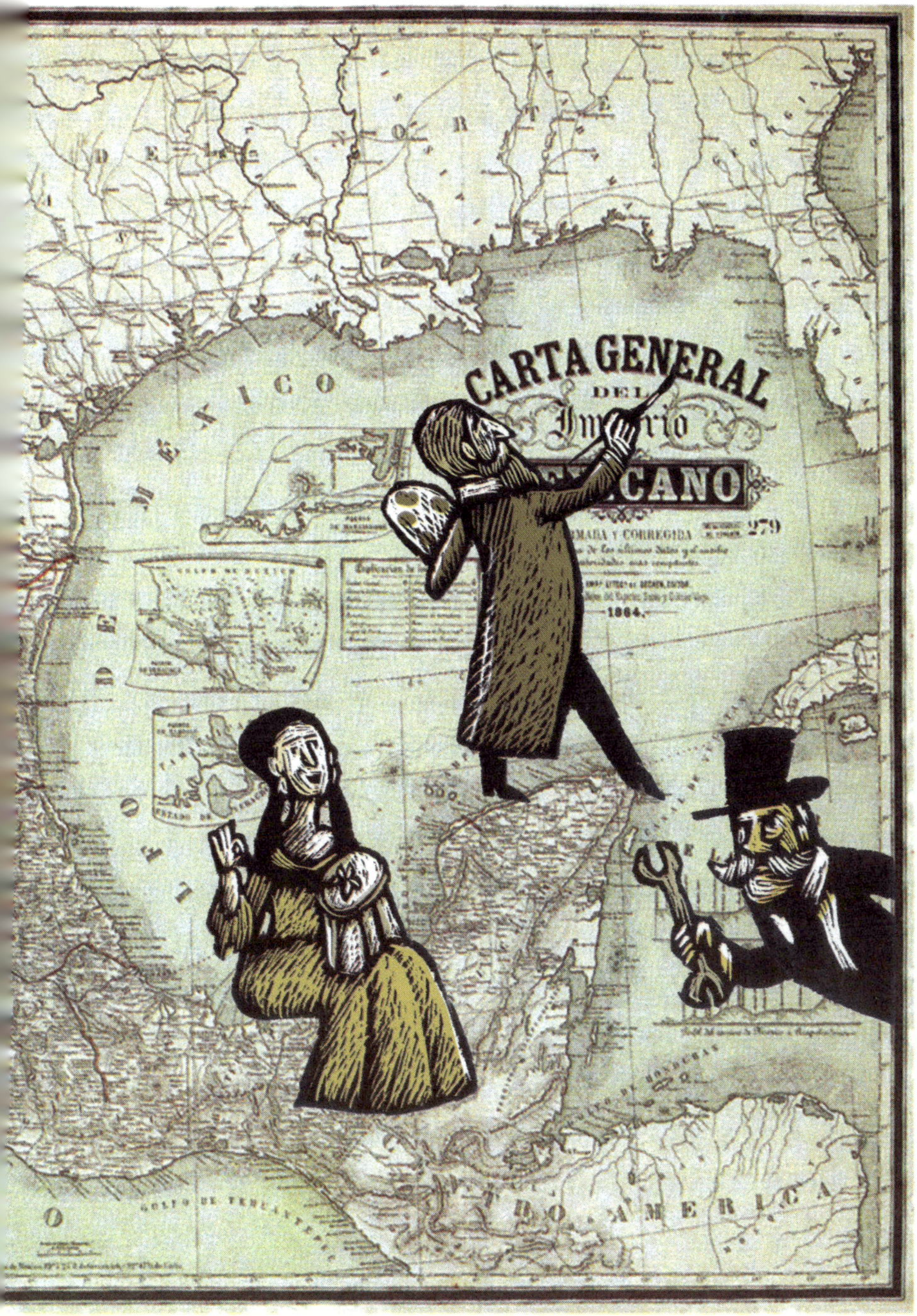

Cronología

1854	Marzo 1. Juan Álvarez proclama el Plan de Ayutla.
1855	Noviembre 23. Se da a conocer la Ley Juárez, que anula los privilegios de los miembros de la Iglesia.
1856	Junio 25. Se da a conocer la Ley Lerdo para desamortizar los bienes del clero.
1857	Abril 11. Se da a conocer la Ley Iglesias, que exime el pago de los derechos parroquiales a las clases pobres del país.
	Febrero 5. Se promulga la Constitución política que establece una República democrática y representativa como forma de organización política.
	Diciembre 17. Se da a conocer el Plan de Tacubaya.
	Diciembre. B. Juárez es encarcelado.
1858	Enero. B. Juárez sale de prisión.
	Enero. B. Juárez se dirige a Guanajuato, donde toma el cargo de presidente de la República mexicana.
	Febrero. B. Juárez se dirige a Guadalajara, donde instala su gobierno.

90

	Marzo. B. Juárez se traslada a Manzanillo, luego se embarca hacia Panamá y después se establece en el puerto de Veracruz.	1861	Enero 11. B. Juárez entra a la ciudad de México.
1859 a 1860	Julio. B. Juárez promulga las leyes de Reforma que establecen la separación de la Iglesia y el Estado.		
			Junio 15. B. Juárez toma el cargo de presidente de México.
			Septiembre. Se realiza la convención de Londres, Inglaterra.
1860	Diciembre 22. Batalla de San Miguel Calpulalpan, en Tlaxcala, donde el general González Ortega derrota a Miramón. Se considera el fin de la guerra de Reforma.	1862	Mayo 5. Batalla de Puebla. Victoria del general Ignacio Zaragoza.

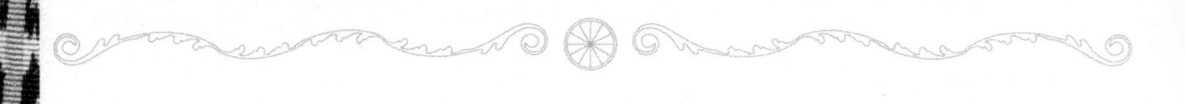

1863 — Septiembre-octubre. Desembarco de tropas francesas en el puerto de Veracruz.

Junio 10. La ciudad de México es ocupada por los franceses.

1864 — Junio 12. Entrada de Maximiliano y Carlota a la ciudad de México.

1865 — Agosto. B. Juárez establece su gobierno en Paso del Norte, hoy Ciudad Juárez.

1866 — Napoleón III, por problemas en Europa, retira su apoyo a Maximiliano, y las tropas francesas abandonan el país.

1867 — Junio 19. Maximiliano, Miramón y Mejía son fusilados en el cerro de las Campanas, en Querétaro.

Julio 15. B. Juárez regresa a la ciudad de México y restaura la República.

1869 — Enero. Manuel Altamirano funda la revista literaria *El Renacimiento*, y con ella, pretende apoyar una cultura nacionalista.

1871 — Noviembre 9. Porfirio Díaz se levanta contra el gobierno de Juárez con el Plan de la Noria.

1872 — Julio 18. Muere B. Juárez.

1873 — Enero 1. Se inaugura la primera línea de ferrocarril en el país que cubre la ruta Veracruz-ciudad de México.

1876 — Enero 10. Se proclama el Plan de Tuxtepec que desconoce el gobierno de Sebastián Lerdo de Tejada y Porfirio Díaz asume la presidencia provisionalmente.

Bibliografía

Anna, Timothy *et al.*, *Historia de México*,
Barcelona, Crítica, 2001.

Arróniz, Marcos, *Manual del viajero en México*,
México, Instituto Mora, 1991
[edición facsimilar].

Cosío Villegas, Daniel (coord.),
Historia general de México,
México, El Colegio de México, 2000.

León-Portilla, Miguel (coord.), *Historia de México*,
México, vol. 7 y 8, Salvat Ediciones, 1974.

Pani, Erika, *Para mexicanizar el Segundo Imperio.
El imaginario de los imperialistas*,
México, El Colegio de México / Instituto Mora, 2001.

Prieto, Guillermo, *Memorias de mis tiempos*,
México, Patria, 1958, p. 20-21.

Ramírez, Fausto *et al.*, *Testimonios artísticos
de un episodio fugaz (1864-1867)*,
México, Museo Nacional de Arte, 1995.

Staples, Anne (coord.), *Historia de la vida cotidiana en
México vol. IV. Bienes y vivencias. El siglo XIX*,
Hist., México, El Colegio de México / Fondo
de Cultura Económica, 2005.

Vázquez, Irene (coord. y diseño), *Cancionero
de la Intervención francesa*,
México, INAH, 1982.

La
Época
Liberal

terminó de imprimirse en 2019
en los talleres de Editorial Impresora Apolo, S. A. de C. V.
Centeno 150-6, colonia Granjas Esmeralda,
alcaldía Iztapalapa, 09810,
Ciudad de México.
Para su formación se utilizó la fuente Photina MT.